财经法治视点

网络借贷

信息中介机构业务活动管理暂行办法

解读

李爱君／著

法律出版社
LAW PRESS · CHINA

关法律制度的适用,《暂行办法》所调整的主体义务行为与禁止行为,以及监管的理念和方法。

最终,通过此《暂行办法》的解读能够为网络借贷的创业者、从业者、出借人、借款人培养法律意识,使其从法律的层面对《暂行办法》有全面和较深入的了解,对网络借贷的各种行为所形成的法律关系、相关的法律制度与法律问题有一定的认知,进而使《暂行办法》对网贷行业在12个月期限内顺利整改起到应有的作用,及对网贷行业规范发挥最大的效用,实现其立法目标。

总之,愿此《暂行办法》的解读能够使网贷行业的创业者、从业者充分运用《暂行办法》的规定和我国已成立的法律制度规范自身行为,在为客户提供良好体验的同时降低运营成本、合法合规地进行创新与经营,使网贷行业在规范中健康发展。

在这阳光灿烂的“十一”国庆节,我的解读书稿完成了。但对该问题的研究并没有结束,因为人类理性的发展往往滞后于自然和社会的发展和变迁,以至于人类必须不断地从残酷和惨痛的经验教训中寻找继续前行的方向和途径。

望着笼罩在金秋季节里的远山和树木,近处五彩缤纷的花草和晚荷,我的思绪却停留在我国网贷行业的问题和发展。衷心祝愿我国的网贷行业在《暂行办法》和相关法律的规范下,回归法治的轨道健康发展,为我国的实体经济发展发挥其作用。

祝愿我们的祖国繁荣昌盛!

李爱君　字　梓渲

于北京军都山下

2016年10月1日

前言

自2016年8月24日中国银监会、工信部、公安部与网信办四部委伴着早秋的丝丝清爽和凉意正式发布了《网络借贷信息中介机构业务活动管理暂行办法》(以下简称《暂行办法》)以来,我面对来自社会各界的问题咨询而产生了对《暂行办法》详细解读的使命感。因为很多咨询的问题是由于对法律的基本概念和已成立的法律制度的不知,尤其一些相关解读没有法律的理念和思维,对已成立的法律制度缺乏逻辑的适用。

于是我婉拒了大量关于解读《暂行办法》的研讨会,潜心静坐,开始了对《暂行办法》的解读。尽一个从事20多年法学、金融法研究与教学工作者的担当,我从2009年就开始了对"互联网金融与法律问题"进行研究积累,并结合中国政法大学自2014年下半年开设两年的研究生选修课程《互联网金融法律与实务》教学与科研的深刻感悟,运用所学的法学专业理论知识、经济与金融专业理论知识对《暂行办法》的立法目标、原则、调整范围,及其调整主体的法律性质、法律关系,以及与之相应的法律制度的逻辑运用进行了深入的联系实际的研究和解读,并在此基础上用独立的部分对网络借贷的司法案例进行了分析。

此《暂行办法》的解读主要目的是使读者了解和认知《暂行办法》调整的网络借贷的模式和法律关系及相

目　录

第一部分 《网络借贷信息中介机构业务活动管理暂行办法》全文

为加强对网络借贷信息中介机构业务活动的监督管理，促进网络借贷行业健康发展，依据《中华人民共和国民法通则》、《中华人民共和国公司法》、《中华人民共和国合同法》等法律法规，中国银监会、工业和信息化部、公安部、国家互联网信息办公室制定了《网络借贷信息中介机构业务活动管理暂行办法》。经国务院批准，现予公布，自公布之日起施行。

中国银行业监督管理委员会主席：尚福林

中华人民共和国工业和信息化部部长：苗圩

中华人民共和国公安部部长：郭声琨

国家互联网信息办公室主任：徐麟

2016 年 8 月 17 日

《网络借贷信息中介机构业务活动管理暂行办法》

第一章 总 则

第一条 为规范网络借贷信息中介机构业务活动，

保护出借人、借款人、网络借贷信息中介机构及相关当事人合法权益，促进网络借贷行业健康发展，更好满足中小微企业和个人投融资需求，根据《关于促进互联网金融健康发展的指导意见》提出的总体要求和监管原则，依据《中华人民共和国民法通则》、《中华人民共和国公司法》、《中华人民共和国合同法》等法律法规，制定本办法。

第二条 在中国境内从事网络借贷信息中介业务活动，适用本办法，法律法规另有规定的除外。

本办法所称网络借贷是指个体和个体之间通过互联网平台实现的直接借贷。个体包含自然人、法人及其他组织。网络借贷信息中介机构是指依法设立，专门从事网络借贷信息中介业务活动的金融信息中介公司。该类机构以互联网为主要渠道，为借款人与出借人（即贷款人）实现直接借贷提供信息搜集、信息公布、资信评估、信息交互、借贷撮合等服务。

本办法所称地方金融监管部门是指各省级人民政府承担地方金融监管职责的部门。

第三条 网络借贷信息中介机构按照依法、诚信、自愿、公平的原则为借款人和出借人提供信息服务，维护出借人与借款人合法权益，不得提供增信服务，不得直接或间接归集资金，不得非法集资，不得损害国家利益和社会公共利益。

借款人与出借人遵循借贷自愿、诚实守信、责任自负、风险自担的原则承担借贷风险。网络借贷信息中介机构承担客观、真实、全面、及时进行信息披露的责任，不承担借贷违约风险。

第四条 按照《关于促进互联网金融健康发展的指导意见》中"鼓励创新、防范风险、趋利避害、健康发展"的总体要求和"依法监管、适度监管、分类监管、协同监管、创新监管"的监管原则，落实各方管理责任。国务院银行业监督管理机构及其派出机构负责制定网络借贷信息中介机构业务活动监督管理制度，并实施行为监管。各省级人民政府负责本辖区网络借贷信息中介机构的机构监管。工业和信息化部负责对网络借贷信息中介机构业务活动涉及的电信业务进行监管。公安部牵头负责对网络借贷信息中介机构的互联网服务进行安全监管，依法查处违反网络安全监管的违法违规活动，打击网络借贷涉及的金融犯罪及相关犯罪。国家互联网信息办公室负责对金融信息服务、互联网信息内容等业务进行监管。

第二章 备案管理

第五条 拟开展网络借贷信息中介服务的网络借贷信息中介机构及其分支机构,应当在领取营业执照后,于10个工作日以内携带有关材料向工商登记注册地地方金融监管部门备案登记。

地方金融监管部门负责为网络借贷信息中介机构办理备案登记。地方金融监管部门应当在网络借贷信息中介机构提交的备案登记材料齐备时予以受理,并在各省(区、市)规定的时限内完成备案登记手续。备案登记不构成对网络借贷信息中介机构经营能力、合规程度、资信状况的认可和评价。

地方金融监管部门有权根据本办法和相关监管规则对备案登记后的网络借贷信息中介机构进行评估分类,并及时将备案登记信息及分类结果在官方网站上公示。

网络借贷信息中介机构完成地方金融监管部门备案登记后,应当按照通信主管部门的相关规定申请相应的电信业务经营许可;未按规定申请电信业务经营许可的,不得开展网络借贷信息中介业务。

网络借贷信息中介机构备案登记、评估分类等具体细则另行制定。

第六条 开展网络借贷信息中介业务的机构,应当在经营范围中实质明确网络借贷信息中介,法律、行政法规另有规定的除外。

第七条 网络借贷信息中介机构备案登记事项发生变更的,应当在5个工作日以内向工商登记注册地地方金融监管部门报告并进行备案信息变更。

第八条 经备案的网络借贷信息中介机构拟终止网络借贷信息中介服务的,应当在终止业务前提前至少10个工作日,书面告知工商登记注册地地方金融监管部门,并办理备案注销。

经备案登记的网络借贷信息中介机构依法解散或者依法宣告破产的,除依法进行清算外,由工商登记注册地地方金融监管部门注销其备案。

第三章 业务规则与风险管理

第九条 网络借贷信息中介机构应当履行下列义务:

（一）依据法律法规及合同约定为出借人与借款人提供直接借贷信息的采集整理、甄别筛选、网上发布，以及资信评估、借贷撮合、融资咨询、在线争议解决等相关服务；

（二）对出借人与借款人的资格条件、信息的真实性、融资项目的真实性、合法性进行必要审核；

（三）采取措施防范欺诈行为，发现欺诈行为或其他损害出借人利益的情形，及时公告并终止相关网络借贷活动；

（四）持续开展网络借贷知识普及和风险教育活动，加强信息披露工作，引导出借人以小额分散的方式参与网络借贷，确保出借人充分知悉借贷风险；

（五）按照法律法规和网络借贷有关监管规定要求报送相关信息，其中网络借贷有关债权债务信息要及时向有关数据统计部门报送并登记；

（六）妥善保管出借人与借款人的资料和交易信息，不得删除、篡改，不得非法买卖、泄露出借人与借款人的基本信息和交易信息；

（七）依法履行客户身份识别、可疑交易报告、客户身份资料和交易记录保存等反洗钱和反恐怖融资义务；

（八）配合相关部门做好防范查处金融违法犯罪相关工作；

（九）按照相关要求做好互联网信息内容管理、网络与信息安全相关工作；

（十）国务院银行业监督管理机构、工商登记注册地省级人民政府规定的其他义务。

第十条　网络借贷信息中介机构不得从事或者接受委托从事下列活动：

（一）为自身或变相为自身融资；

（二）直接或间接接受、归集出借人的资金；

（三）直接或变相向出借人提供担保或者承诺保本保息；

（四）自行或委托、授权第三方在互联网、固定电话、移动电话等电子渠道以外的物理场所进行宣传或推介融资项目；

（五）发放贷款，但法律法规另有规定的除外；

（六）将融资项目的期限进行拆分；

（七）自行发售理财等金融产品募集资金，代销银行理财、券商资管、基金、保险或信托产品等金融产品；

（八）开展类资产证券化业务或实现以打包资产、证券化资产、信托资产、基金份额等形式的债权转让行为；

（九）除法律法规和网络借贷有关监管规定允许外，与其他机构投资、代理销售、经纪等业务进行任何形式的混合、捆绑、代理；

（十）虚构、夸大融资项目的真实性、收益前景，隐瞒融资项目的瑕疵及风险，以歧义性语言或其他欺骗性手段等进行虚假片面宣传或促销等，捏造、散布虚假信息或不完整信息损害他人商业信誉，误导出借人或借款人；

（十一）向借款用途为投资股票、场外配资、期货合约、结构化产品及其他衍生品等高风险的融资提供信息中介服务；

（十二）从事股权众筹等业务；

（十三）法律法规、网络借贷有关监管规定禁止的其他活动。

第十一条 参与网络借贷的出借人与借款人应当为网络借贷信息中介机构核实的实名注册用户。

第十二条 借款人应当履行下列义务：

（一）提供真实、准确、完整的用户信息及融资信息；

（二）提供在所有网络借贷信息中介机构未偿还借款信息；

（三）保证融资项目真实、合法，并按照约定用途使用借贷资金，不得用于出借等其他目的；

（四）按照约定向出借人如实报告影响或可能影响出借人权益的重大信息；

（五）确保自身具有与借款金额相匹配的还款能力并按照合同约定还款；

（六）借贷合同及有关协议约定的其他义务。

第十三条 借款人不得从事下列行为：

（一）通过故意变换身份、虚构融资项目、夸大融资项目收益前景等形式的欺诈借款；

（二）同时通过多个网络借贷信息中介机构，或者通过变换项目名称、对项目内容进行非实质性变更等方式，就同一融资项目进行重复融资；

（三）在网络借贷信息中介机构以外的公开场所发布同一融资项目的信息；

（四）已发现网络借贷信息中介机构提供的服务中含有本办法第十条所列内容，仍进行交易；

(五)法律法规和网络借贷有关监管规定禁止从事的其他活动。

第十四条 参与网络借贷的出借人,应当具备投资风险意识、风险识别能力、拥有非保本类金融产品投资的经历并熟悉互联网。

第十五条 参与网络借贷的出借人应当履行下列义务:

(一)向网络借贷信息中介机构提供真实、准确、完整的身份等信息;

(二)出借资金为来源合法的自有资金;

(三)了解融资项目信贷风险,确认具有相应的风险认知和承受能力;

(四)自行承担借贷产生的本息损失;

(五)借贷合同及有关协议约定的其他义务。

第十六条 网络借贷信息中介机构在互联网、固定电话、移动电话等电子渠道以外的物理场所只能进行信用信息采集、核实、贷后跟踪、抵质押管理等风险管理及网络借贷有关监管规定明确的部分必要经营环节。

第十七条 网络借贷金额应当以小额为主。网络借贷信息中介机构应当根据本机构风险管理能力,控制同一借款人在同一网络借贷信息中介机构平台及不同网络借贷信息中介机构平台的借款余额上限,防范信贷集中风险。

同一自然人在同一网络借贷信息中介机构平台的借款余额上限不超过人民币20万元;同一法人或其他组织在同一网络借贷信息中介机构平台的借款余额上限不超过人民币100万元;同一自然人在不同网络借贷信息中介机构平台借款总余额不超过人民币100万元;同一法人或其他组织在不同网络借贷信息中介机构平台借款总余额不超过人民币500万元。

第十八条 网络借贷信息中介机构应当按照国家网络安全相关规定和国家信息安全等级保护制度的要求,开展信息系统定级备案和等级测试,具有完善的防火墙、入侵检测、数据加密以及灾难恢复等网络安全设施和管理制度,建立信息科技管理、科技风险管理和科技审计有关制度,配置充足的资源,采取完善的管理控制措施和技术手段保障信息系统安全稳健运行,保护出借人与借款人的信息安全。

网络借贷信息中介机构应当记录并留存借贷双方上网日志信息,信息交互内容等数据,留存期限为自借贷合同到期起5年;每两年至少开展一次全面的安全评估,接受国家或行业主管部门的信息安全检查和审计。

网络借贷信息中介机构成立两年以内，应当建立或使用与其业务规模相匹配的应用级灾备系统设施。

第十九条 网络借贷信息中介机构应当为单一融资项目设置募集期，最长不超过20个工作日。

第二十条 借款人支付的本金和利息应当归出借人所有。网络借贷信息中介机构应当与出借人、借款人另行约定费用标准和支付方式。

第二十一条 网络借贷信息中介机构应当加强与金融信用信息基础数据库运行机构、征信机构等的业务合作，依法提供、查询和使用有关金融信用信息。

第二十二条 各方参与网络借贷信息中介机构业务活动，需要对出借人与借款人的基本信息和交易信息等使用电子签名、电子认证时，应当遵守法律法规的规定，保障数据的真实性、完整性及电子签名、电子认证的法律效力。

网络借贷信息中介机构使用第三方数字认证系统，应当对第三方数字认证机构进行定期评估，保证有关认证安全可靠并具有独立性。

第二十三条 网络借贷信息中介机构应当采取适当的方法和技术，记录并妥善保存网络借贷业务活动数据和资料，做好数据备份。保存期限应当符合法律法规及网络借贷有关监管规定的要求。借贷合同到期后应当至少保存5年。

第二十四条 网络借贷信息中介机构暂停、终止业务时应当至少提前10个工作日通过官方网站等有效渠道向出借人与借款人公告，并通过移动电话、固定电话等渠道通知出借人与借款人。网络借贷信息中介机构业务暂停或者终止，不影响已经签订的借贷合同当事人有关权利义务。

网络借贷信息中介机构因解散或宣告破产而终止的，应当在解散或破产前，妥善处理已撮合存续的借贷业务，清算事宜按照有关法律法规的规定办理。

网络借贷信息中介机构清算时，出借人与借款人的资金分别属于出借人与借款人，不属于网络借贷信息中介机构的财产，不列入清算财产。

第四章 出借人与借款人保护

第二十五条 未经出借人授权，网络借贷信息中介机构不得以任何形式代出借人行使决策。

第二十六条 网络借贷信息中介机构应当向出借人以醒目方式提示网络借

贷风险和禁止性行为，并经出借人确认。

网络借贷信息中介机构应当对出借人的年龄、财务状况、投资经验、风险偏好、风险承受能力等进行尽职评估，不得向未进行风险评估的出借人提供交易服务。

网络借贷信息中介机构应当根据风险评估结果对出借人实行分级管理，设置可动态调整的出借限额和出借标的限制。

第二十七条 网络借贷信息中介机构应当加强出借人与借款人信息管理，确保出借人与借款人信息采集、处理及使用的合法性和安全性。

网络借贷信息中介机构及其资金存管机构、其他各类外包服务机构等应当为业务开展过程中收集的出借人与借款人信息保密，未经出借人与借款人同意，不得将出借人与借款人提供的信息用于所提供服务之外的目的。

在中国境内收集的出借人与借款人信息的储存、处理和分析应当在中国境内进行。除法律法规另有规定外，网络借贷信息中介机构不得向境外提供境内出借人和借款人信息。

第二十八条 网络借贷信息中介机构应当实行自身资金与出借人和借款人资金的隔离管理，并选择符合条件的银行业金融机构作为出借人与借款人的资金存管机构。

第二十九条 出借人与网络借贷信息中介机构之间、出借人与借款人之间、借款人与网络借贷信息中介机构之间等纠纷，可以通过以下途径解决：

（一）自行和解；

（二）请求行业自律组织调解；

（三）向仲裁部门申请仲裁；

（四）向人民法院提起诉讼。

第五章 信息披露

第三十条 网络借贷信息中介机构应当在其官方网站上向出借人充分披露借款人基本信息、融资项目基本信息、风险评估及可能产生的风险结果、已撮合未到期融资项目资金运用情况等有关信息。

披露内容应符合法律法规关于国家秘密、商业秘密、个人隐私的有关规定。

第三十一条 网络借贷信息中介机构应当及时在其官方网站显著位置披露本机构所撮合借贷项目等经营管理信息。

网络借贷信息中介机构应当在其官方网站上建立业务活动经营管理信息披露专栏,定期以公告形式向公众披露年度报告、法律法规、网络借贷有关监管规定。

网络借贷信息中介机构应当聘请会计师事务所定期对本机构出借人与借款人资金存管、信息披露情况、信息科技基础设施安全、经营合规性等重点环节实施审计,并且应当聘请有资质的信息安全测评认证机构定期对信息安全实施测评认证,向出借人与借款人等披露审计和测评认证结果。

网络借贷信息中介机构应当引入律师事务所、信息系统安全评价等第三方机构,对网络信息中介机构合规和信息系统稳健情况进行评估。

网络借贷信息中介机构应当将定期信息披露公告文稿和相关备查文件报送工商登记注册地地方金融监管部门,并置备于机构住所供社会公众查阅。

第三十二条 网络借贷信息中介机构的董事、监事、高级管理人员应当忠实、勤勉地履行职责,保证披露的信息真实、准确、完整、及时、公平,不得有虚假记载、误导性陈述或者重大遗漏。

借款人应当配合网络借贷信息中介机构及出借人对融资项目有关信息的调查核实,保证提供的信息真实、准确、完整。

网络借贷信息披露具体细则另行制定。

第六章 监督管理

第三十三条 国务院银行业监督管理机构及其派出机构负责制定统一的规范发展政策措施和监督管理制度,负责网络借贷信息中介机构的日常行为监管,指导和配合地方人民政府做好网络借贷信息中介机构的机构监管和风险处置工作,建立跨部门跨地区监管协调机制。

各地方金融监管部门具体负责本辖区网络借贷信息中介机构的机构监管,包括对本辖区网络借贷信息中介机构的规范引导、备案管理和风险防范、处置工作。

第三十四条 中国互联网金融协会从事网络借贷行业自律管理,并履行下列职责：

（一）制定自律规则、经营细则和行业标准并组织实施，教育会员遵守法律法规和网络借贷有关监管规定；

（二）依法维护会员的合法权益，协调会员关系，组织相关培训，向会员提供行业信息、法律咨询等服务，调解纠纷；

（三）受理有关投诉和举报，开展自律检查；

（四）成立网络借贷专业委员会；

（五）法律法规和网络借贷有关监管规定赋予的其他职责。

第三十五条 借款人、出借人、网络借贷信息中介机构、资金存管机构、担保人等应当签订资金存管协议，明确各自权利义务和违约责任。

资金存管机构对出借人与借款人开立和使用资金账户进行管理和监督，并根据合同约定，对出借人与借款人的资金进行存管、划付、核算和监督。

资金存管机构承担实名开户和履行合同约定及借贷交易指令表面一致性的形式审核责任，但不承担融资项目及借贷交易信息真实性的实质审核责任。

资金存管机构应当按照网络借贷有关监管规定报送数据信息并依法接受相关监督管理。

第三十六条 网络借贷信息中介机构应当在下列重大事件发生后，立即采取应急措施并向工商登记注册地地方金融监管部门报告：

（一）因经营不善等原因出现重大经营风险；

（二）网络借贷信息中介机构或其董事、监事、高级管理人员发生重大违法违规行为；

（三）因商业欺诈行为被起诉，包括违规担保、夸大宣传、虚构隐瞒事实、发布虚假信息、签订虚假合同、错误处置资金等行为。

地方金融监管部门应当建立网络借贷行业重大事件的发现、报告和处置制度，制定处置预案，及时、有效地协调处置有关重大事件。

地方金融监管部门应当及时将本辖区网络借贷信息中介机构重大风险及处置情况信息报送省级人民政府、国务院银行业监督管理机构和中国人民银行。

第三十七条 除本办法第七条规定的事项外，网络借贷信息中介机构发生下列情形的，应当在5个工作日以内向工商登记注册地地方金融监管部门报告：

(一)因违规经营行为被查处或被起诉;

(二)董事、监事、高级管理人员违反境内外相关法律法规行为;

(三)国务院银行业监督管理机构、地方金融监管部门等要求的其他情形。

第三十八条 网络借贷信息中介机构应当聘请会计师事务所进行年度审计,并在上一会计年度结束之日起4个月内向工商登记注册地地方金融监管部门报送年度审计报告。

第七章 法律责任

第三十九条 地方金融监管部门存在未依照本办法规定报告重大风险和处置情况、未依照本办法规定向国务院银行业监督管理机构提供行业统计或行业报告等违反法律法规及本办法规定情形的,应当对有关责任人依法给予行政处分;构成犯罪的,依法追究刑事责任。

第四十条 网络借贷信息中介机构违反法律法规和网络借贷有关监管规定,有关法律法规有处罚规定的,依照其规定给予处罚;有关法律法规未作处罚规定的,工商登记注册地地方金融监管部门可以采取监管谈话、出具警示函、责令改正、通报批评、将其违法违规和不履行公开承诺等情况记入诚信档案并公布等监管措施,以及给予警告、人民币3万元以下罚款和依法可以采取的其他处罚措施;构成犯罪的,依法追究刑事责任。

网络借贷信息中介机构违反法律规定从事非法集资活动或欺诈的,按照相关法律法规和工作机制处理;构成犯罪的,依法追究刑事责任。

第四十一条 网络借贷信息中介机构的出借人及借款人违反法律法规和网络借贷有关监管规定,依照有关规定给予处罚;构成犯罪的,依法追究刑事责任。

第八章 附 则

第四十二条 银行业金融机构及国务院银行业监督管理机构批准设立的其他金融机构和省级人民政府批准设立的融资担保公司、小额贷款公司等投资设立具有独立法人资格的网络借贷信息中介机构,设立办法另行制定。

第四十三条 中国互联网金融协会网络借贷专业委员会按照《关于促进互联网金融健康发展的指导意见》和协会章程开展自律并接受相关监管部门指导。

第四十四条 本办法实施前设立的网络借贷信息中介机构不符合本办法规定的,除违法犯罪行为按照本办法第四十条处理外,由地方金融监管部门要求其整改,整改期不超过12个月。

第四十五条 省级人民政府可以根据本办法制定实施细则,并报国务院银行业监督管理机构备案。

第四十六条 本办法解释权归国务院银行业监督管理机构、工业和信息化部、公安部、国家互联网信息办公室。

第四十七条 本办法所称不超过、以下、以内,包括本数。

第二部分 《网络借贷信息中介机构业务活动管理暂行办法》解读

第一章 总 则

总则是《网络借贷信息中介机构业务活动管理暂行办法》(以下简称《暂行办法》)的纲领性、原则性规定。

《暂行办法》的总则是关于网络借贷信息中介机构业务活动的概括性规定,是集中反映立法思想的最主要部分,具有统领性的意义,对其他各章节的规定以及在监督管理实践中均具有指导性作用。

《暂行办法》难以完全包括现实生活中的种种现象,一旦实践中出现的特别模式无法根据具体的条款作出正确的处理,则可以根据总则中包含的实质性精神进行处理。总则的思想是对具体条款的有力补充。

总则从第 1 条至第 4 条共 4 条,主要内容包括:

(一)本《暂行办法》的宗旨,即规范网络借贷信息中介机构业务活动,保护出借人、借款人、网络借贷信息中介机构及相关当事人合法权益,促进网络借贷行业健康发展,更好地满足中小微企业和个人投融资需求。

(二)本《暂行办法》的调整对象,是在中国境内从事网络借贷信息中介业务活动。

（三）网络借贷活动的基本准则，包括网络借贷信息中介机构、出借人、借款人按照依法、诚信、自愿、公平的原则进行网络借贷活动。

（四）网络借贷监管原则、监管分工和监管责任，包括"依法监管、适度监管、分类监管、协同监管、创新监管"的监管原则。国务院银行业监督管理机构及其派出机构负责制定网络借贷信息中介机构业务活动监督管理制度，并实施行为监管。各省级人民政府负责本辖区网络借贷信息中介机构的机构监管。工业和信息化部负责对网络借贷信息中介机构业务活动涉及的电信业务进行监管。公安部牵头负责对网络借贷信息中介机构的互联网服务进行安全监管，依法查处违反网络安全监管规则的违法违规活动，打击网络借贷涉及的金融犯罪及相关犯罪。国家互联网信息办公室负责对金融信息服务、互联网信息内容等业务进行监管。

第一条　为规范网络借贷信息中介机构业务活动，保护出借人、借款人、网络借贷信息中介机构及相关当事人合法权益，促进网络借贷行业健康发展，更好满足中小微企业和个人投融资需求，根据《关于促进互联网金融健康发展的指导意见》提出的总体要求和监管原则，依据《中华人民共和国民法通则》、《中华人民共和国公司法》、《中华人民共和国合同法》等法律法规，制定本办法。

［解读］

本条是关于《暂行办法》的宗旨规定。

一、《暂行办法》总体要求和监管原则的制定根据

根据《关于促进互联网金融健康发展的指导意见》（以下简称《指导意见》）提出的总体要求和监管原则制定本办法。该《指导意见》是指 2015 年 7 月 18 日人民银行等十部门发布的《关于促进互联网金融健康发展的指导意见》。

在《指导意见》中的第一部分中规定，"促进互联网金融健康发展，有利于提升金融服务质量和效率，深化金融改革，促进金融创新发展，扩大金融业对内对外开放，构建多层次金融体系。作为新生事物，互联网金融既需要市场驱动，鼓励创新，也需要政策助力，促进发展。"《暂行办法》中的"促进网络借贷行业健康发展,更好满足中小微企业和个人投融资需求"正是《指导意见》中"促进互联网金融健康发展,有利于提升金融服务质量和效率,深化金融改革,促进金融创新发展,扩大金融业对内对外开放,构建多层次金融体系"的具体体现。

二、制定《暂行办法》的法律依据

制定《暂行办法》的法律依据是《民法通则》、《公司法》、《合同法》等法律法规。这就意味着网络借贷平台等相关当事人的活动不仅要遵守此《暂行办法》的规定,还要受《民法通则》、《公司法》、《合同法》等法律法规调整。

三、《暂行办法》的立法宗旨

《暂行办法》的立法宗旨是,规范网络借贷信息中介机构(以下简称信息中介机构)业务活动,保护出借人、借款人、网络借贷信息中介机构及相关当事人合法权益,促进网络借贷行业健康发展,更好地满足中小微企业和个人投融资需求。

第二条　在中国境内从事网络借贷信息中介业务活动,适用本办法,法律法规另有规定的除外。

本办法所称网络借贷是指个体和个体之间通过互联网平台实现的直接借贷。个体包含自然人、法人及其他组织。网络借贷信息中介机构是指依法设立,专门从事网络借贷信息中介业务活动的金融信息中介公司。该类机构以互联网为主要渠道,为借款人与出借人(即贷款人)实现直接借贷提供信息搜集、信息公布、资信评估、信息交互、借贷撮合等服务。

[解读]

本条是《暂行办法》的效力规定。法的效力即各种法的约束力的通称。法理学所称法的效力,通常指正式意义上的法的形式或渊源,尤其是规范性法律文件的一般法的效力,即在适用对象、时间、空间三个方面的效力范围。明确法的效力,是正确适用法所必需的。在适用法之前,必须明确适用的法与适用的对象、时间、空间是否有合法的、必然的联系,不能把只适用于中国公民的法拿来适用于外国人,也不能把适用于此地此时的法拿来适用于彼地彼时。①

① 张文显主编:《法理学》,高等教育出版社1999年版,第65页。

本条规定包括三个方面内容:一是法空间效力即法的效力的地域范围。二是法的对象效力,是指法的适用对象有哪些,对什么样的人和组织有效。法学上也将法的对象效力称为对人的效力,这里的人包括自然人和法所拟制的人——法人和其他组织。三是法的时间效力,是指法的效力的起止时限以及对其实施前的行为有无溯及力。法开始生效的时间,指法从何时起开始发生约束力。法通过后先要公布,公布是法开始生效的前提。法开始生效的时间根据法的规定、惯例、需要及其他有关情况而定,通常有三种形式:其一,自公布之日起开始生效。其二,公布后经过一段时间生效。其三,以到达期限为生效时间。法终止生效的时间,指法的废止的时间。法的溯及力,指新法颁布后对生效前所发生的事件和行为可加以适用的效力。法是规范和指引人们的现时行为的准则,未公布前,人们不可能明确将来的法允许哪些行为、禁止哪些行为,也谈不上去按尚未制定的法去行为。因此,一般来说法只适用于生效后发生的行为,不适用于生效前的行为,不应有溯及既往的效力,这就是法不溯及既往的原则。①

本条对调整对象进行了规定,对网络借贷进行了定义,明确了网络借贷的法律关系和法律主体,明确了网络中介机构的法律性质与提供的服务。

一、《暂行办法》空间效力范围

本《暂行办法》只是调整在中国境内从事网络借贷信息中介业务活动,这是《暂行办法》的地域的效力范围。

本条有除外条款"法律法规另有规定的除外"。这个除外条款是指如果法律法规另有规定的就不受此《暂行办法》调整。

二、《暂行办法》的对象效力

在中国境内从事网络借贷信息中介业务活动,适用本办法。

三、《暂行办法》的时间效力

《暂行办法》自公布之日起开始生效。

四、网络借贷的定义

网络借贷是指个体和个体之间通过互联网平台实现的直接借贷。通过这个"网络借贷"的定义进而明确了本《暂行办法》调整的只是个体和个体之间通过

---

① 张文显主编:《法理学》,高等教育出版社 1999 年版,第 67 页。

网络借贷信息中介机构实现的直接借贷。此条所定义的“网络借贷”是《指导意见》中规定的网络借贷的其中一种形式。《指导意见》中网络借贷包括个体网络借贷(P2P网络借贷)和网络小额贷款。个体网络借贷是指个体和个体之间通过互联网平台实现的直接借贷;网络小额贷款是指互联网企业通过其控制的小额贷款公司,利用互联网向客户提供的小额贷款。《暂行办法》调整的是《指导意见》中规定的个体网络借贷(P2P网络借贷),而不调整网络小额贷款。

五、直接借贷的内涵

《暂行办法》和《指导意见》对网络借贷的定义中都有一个关键词“直接借贷”。什么是“直接借贷”?“直接借贷”是指出借人与借款人通过网络借贷信息中介机构形成的是“借贷”法律关系,而不是其他任何法律关系。这一定义就排除了网络借贷信息中介机构为形成非借贷法律关系提供信息服务。

“直接借贷”中的“借贷”是指“民间借贷”。“民间借贷”的定义是指,根据《最高人民法院关于审理民间借贷案件适用法律若干问题的规定》(法释〔2015〕18号)第1条:“本规定所称的民间借贷,是指自然人、法人、其他组织之间及其相互之间进行资金融通的行为。”

六、明确了网络借贷法律关系和法律主体

法律关系是特定法律主体之间的权利和义务关系。它是法律规范“指示”(行为模式)的规定在法律关系中的体现。法律关系主体是法律关系的参与者,即在法律关系中一定权利的享有者和一定义务的承担者。

此条规定的网络借贷法律关系是“个体和个体之间通过网络借贷信息中介机构实现的直接借贷法律关系”。直接借贷的法律关系的主体有自然人、法人及其他组织。具体各主体之间的法律关系如下:

(一)信息中介机构与借款人和出借人的法律关系分析

信息中介机构与借款人之间属于居间法律关系,信息中介机构作为居间人,撮合借款人与平台出借人完成借贷关系。根据《合同法》的相关规定,居间人应“向委托人报告订立合同的机会或者提供订立合同的媒介服务”。

根据《暂行办法》第2条的规定,信息中介机构应当以互联网为主要渠道,为借款人与出借人(贷款人)实现直接借贷提供信息搜集、信息公布、资信评估、信息交互、借贷撮合等服务。并且《暂行办法》中对信息中介机构的义务进行了更加具体的规定:"网络借贷信息中介机构应当履行下列义务:(一)依据法律法规及合同约定为出借人与借款人提供直接借贷信息的采集整理、甄别筛选、网上发布,以及资信评估、借贷撮合、融资咨询、在线争议解决等相关服务;(二)对出借人与借款人的资格条件、信息的真实性、融资项目的真实性、合法性进行必要审核;(三)采取措施防范欺诈行为,发现欺诈行为或其他损害出借人利益的情形,及时公告并终止相关网络借贷活动;(四)持续开展网络借贷知识普及和风险教育活动,加强信息披露工作,引导出借人以小额分散的方式参与网络借贷,确保出借人充分知悉借贷风险;(五)按照法律法规和网络借贷有关监管规定要求报送相关信息,其中网络借贷有关债权债务信息要及时向有关数据统计部门报送并登记;(六)妥善保管出借人与借款人的资料和交易信息,不得删除、篡改,不得非法买卖、泄露出借人与借款人的基本信息和交易信息;(七)依法履行客户身份识别、可疑交易报告、客户身份资料和交易记录保存等反洗钱和反恐怖融资义务;(八)配合相关部门做好防范查处金融违法犯罪相关工作;(九)按照相关要求做好互联网信息内容管理、网络与信息安全相关工作;(十)国务院银行业监督管理机构、工商登记注册地省级人民政府规定的其他义务。"

此外,《暂行办法》中明确了借款人与出借人应当遵循借贷自愿、诚实守信、责任自负、风险自担的原则承担借贷风险。网络借贷信息中介机构承担客观、真实、全面、及时进行信息披露的责任,不承担借贷违约风险。

(二)借款人与出借人的法律关系

在网络借贷中,借款人与出借人之间属于借贷法律关系,二者签订的合同为《借款合同》。

具体来说,借款人享有的权利包括依约取得出借资金等;负有的义务包括按期偿还全部本息等。出借人享有的权利包括按期取得约定本息、向第三人转让债权、了解债务人基本信息等;负有的义务包括如期支付出借款项等。

《暂行办法》中对借款人和出借人的义务进行了更加具体的规定。借款人除应当提供真实、准确、完整的用户信息及融资信息外,还应承担以下责任:提供在所有网络借贷信息中介机构未偿还借款信息;保证融资项目真实、合法,并按照约定用途使用借贷资金,不得用于出借等其他目的;按照约定向出借人如实报告影响或可能影响出借人权益的重大信息;确保自身具有与借款金额相匹配的还款能力并按照合同约定还款;以及借贷合同及有关协议约定的其他义务。出借人的主要义务有:了解融资项目信贷风险,确认具有相应的风险认知和承受能力;自行承担借贷产生的本息损失等。

七、明确了网络借贷信息中介机构的法律性质

此条规定了"网络借贷平台是信息中介机构,是指依法设立,专门从事网络借贷信息中介业务活动的金融信息中介公司"。这与《指导意见》的规定是一脉相承的。《指导意见》规定:"在个体网络借贷平台上发生的直接借贷行为属于民间借贷范畴,受合同法、民法通则等法律法规以及最高人民法院相关司法解释规范。个体网络借贷信息中介机构是信息中介性质,主要为借贷双方的直接借贷提供信息服务,不得提供增信服务,不得非法集资。"因此根据《指导意见》和《暂行办法》,网络借贷中介机构是信息中介机构性质,在个体网络借贷平台上发生的直接借贷行为属于民间借贷范畴,网络借贷中介机构提供信息服务,不得提供增信服务,不得非法集资。这里的增信服务是指承诺连本带息到期偿还。信息中介就是为借贷双方当事人提供形成直接借贷关系的信息,而不是借款人或出借人。

八、通过网络借贷信息中介机构形成的民间借贷与民间借贷的异同

(1)法律性质都是民间借贷范畴。

(2)形成民间借贷的法律关系参与的主体不同。通过网络借贷信息中介机构的形成的民间借贷关系有三个主体,两个法律关系。三个主体是:出借人、借款人与网络借贷信息中介机构。两个法律关系是:一是出借人与借款人形成的民间借贷法律范畴的借贷法律关系;二是出借人与借款人分别与网络借贷信息中介机构形成居间法律关系。民间借贷法律关系是出借人和借款人直接形成借贷法律关系,主体只有两方当事人。

(3)所受调整的法律法规不同。通过网络借贷信息中介机构的形成民间借贷受《民法通则》、《合同法》、《公司法》等调整之外,还要受《暂行办法》的调整。而民间借贷仅受《民法通则》、《合同法》等调整,不受《暂行办法》的调整。

(4)通过网络借贷信息中介机构形成的民间借贷已不是民间借贷的熟人之间的借贷,而是陌生人之间的借贷;也不具有民间借贷的互助性的性质,已转变为投资与融资行为。

九、明确了网络信息中介机构的职能

《暂行办法》明确了网络信息中介机构的职能是以互联网为主要渠道，为借款人与出借人（贷款人）实现直接借贷提供信息搜集、信息公布、资信评估、信息交互、借贷撮合等服务。《指导意见》也同样明确了个体网络借贷信息中介机构要坚持平台功能，为投资方和融资方提供信息交互、撮合、资信评估等中介服务。

从这些服务的功能来看，网络借贷信息中介机构只能为出借人和借款人订立借贷合同提供服务，并不包括出借人和借款人的借贷合同的履行进行服务。

[民间借贷知识拓展]

一、民间借贷的法律规定

（一）民间借贷的合法性

我国《民法通则》第90条规定："合法的借贷关系受法律保护。"民间借贷往往产生于亲朋好友或者有特殊关系的人与人之间，因借贷而造成资金损失或者亲朋陌路的情况时有发生。

（二）民间借贷本金计算

《合同法》第200条规定，"借款的利息不得预先在本金中扣除。利息在本金中扣除的，应按照实际借款数额返还借款并计算利息。"所以，事先扣除利息实际等于减少计算利息的本金。

（三）民间借贷的证据

《最高人民法院关于审理民间借贷案件适用法律若干问题的规定》（法释〔2015〕18号）第2条规定："出借人向人民法院起诉时，应当提供借据、收据、欠条等债权凭证以及其他能够证明借贷法律关系存在的证据。当事人持有的借据、收据、欠条等债权凭证没有载明债权人，持有债权凭证的当事人提起民间借贷诉讼的，人民法院应予受理。被告对原告的债权人资格提出有事实依据的抗辩，人民法院经审理认为原告不具有债权人资格的，裁定驳回起诉。"

第16条规定："原告仅依据借据、收据、欠条等债权凭证提起民间借贷诉讼,被告抗辩已经偿还借款,被告应当对其主张提供证据证明。被告提供相应证据证明其主张后,原告仍应就借贷关系的成立承担举证证明责任。被告抗辩借贷行为尚未实际发生并能作出合理说明,人民法院应当结合借贷金额、款项交付、当事人的经济能力、当地或者当事人之间的交易方式、交易习惯、当事人财产变动情况以及证人证言等事实和因素,综合判断查证借贷事实是否发生。"

第 17 条规定:"原告仅依据金融机构的转账凭证提起民间借贷诉讼,被告抗辩转账系偿还双方之前借款或其他债务,被告应当对其主张提供证据证明。被告提供相应证据证明其主张后,原告仍应就借贷关系的成立承担举证证明责任。"

(四)民间借贷的利率

《最高人民法院关于审理民间借贷案件适用法律若干问题的规定》第 26 条对民间借贷的利率作出规定:"借贷双方约定的利率未超过年利率 24%,出借人请求借款人按照约定的利率支付利息的,人民法院应予支持。借贷双方约定的利率超过年利率 36%,超过部分的利息约定无效。借款人请求出借人返还已支付的超过年利率 36% 部分的利息的,人民法院应予支持。"

二、被告主体的规定

保证人为借款人提供一般保证,出借人仅起诉保证人的,人民法院应当追加借款人为共同被告;出借人仅起诉借款人的,人民法院可以不追加保证人为共同被告。

三、诉讼时效

由于大部分民间借贷发生在亲朋好友之间,很多人并没有对它给予应有的重视。孰料,一些无赖之徒正好钻了这个空子,采取赖账、久拖、回避的方式,以逃避债务。在此提醒大家:还款期限届满之日起 2 年,是法律规定的诉讼时效。在此期间,必须向借款人主张债权,否则 2 年之后,法院对债权将不予保护;另外,如果没有写明还款日期,则适用最长诉讼时效 20 年。

四、借款合同的生效要件

《最高人民法院关于审理民间借贷案件适用法律若干问题的规定》(法释〔2015〕18 号)第 9 条规定,具有下列情形之一,可以视为具备合同法第二百一十条关于自然人之间借款合同的生效要件:“(一)以现金支付的,自借款人收到借款时;(二)以银行转账、网上电子汇款或者通过网络贷款平台等形式支付的,自资金到达借款人账户时;(三)以票据交付的,自借款人依法取得票据权利时;(四)出借人将特定资金账户支配权授权给借款人的,自借款人取得对该账户实际支配权时;(五)出借人以与借款人约定的其他方式提供借款并实际履行完成时。”

第10条规定:“除自然人之间的借款合同外,当事人主张民间借贷合同自合同成立时生效的,人民法院应予支持,但当事人另有约定或者法律、行政法规另有规定的除外。”

第11条规定:“法人之间、其他组织之间以及它们相互之间为生产、经营需要订立的民间借贷合同,除存在合同法第五十二条、本规定第十四条规定的情形外,当事人主张民间借贷合同有效的,人民法院应予支持。”

第12条规定:“法人或者其他组织在本单位内部通过借款形式向职工筹集资金,用于本单位生产、经营,且不存在合同法第五十二条、本规定第十四条规定的情形,当事人主张民间借贷合同有效的,人民法院应予支持。”

第13条规定:“借款人或者出借人的借贷行为涉嫌犯罪,或者已经生效的判决认定构成犯罪,当事人提起民事诉讼的,民间借贷合同并不当然无效。人民法院应当根据合同法第五十二条、本规定第十四条之规定,认定民间借贷合同的效力。”

“担保人以借款人或者出借人的借贷行为涉嫌犯罪或者已经生效的判决认定构成犯罪为由,主张不承担民事责任的,人民法院应当依据民间借贷合同与担保合同的效力、当事人的过错程度,依法确定担保人的民事责任。”

第14条规定,具有下列情形之一,人民法院应当认定民间借贷合同无效:“(一)套取金融机构信贷资金又高利转贷给借款人,且借款人事先知道或者应当知道的;(二)以向其他企业借贷或者向本单位职工集资取得的资金又转贷给借款人牟利,且借款人事先知道或者应当知道的;(三)出借人事先知道或者应当知道借款人借款用于违法犯罪活动仍然提供借款的;(四)违背社会公序良俗的;(五)其他违反法律、行政法规效力性强制性规定的。”

五、民间合同无效的认定

认定无效民间借贷合同,应从下列三个方面分析:

(1)从签订合同的主体来看,无行为能力人签订的民间借贷合同是无效合同。不满10周岁的未成年人和不能辨认自己行为的精神病人是无行为能力人,他们的民事活动只能由其法定代理人代理;10周岁以上的未成年人和不能完全辨认自己行为的精神病人是限制行为能力人,这些人只能从事与他们年龄、智力、健康状况相适应的民事活动,超出这个范围从事民事活动须征得法定代理人同意或认可,否则属于无效的合同,不能发生法律效力。

(2)从合同的形成过程来看,以下合同为无效合同:

代理人没有代理权、超越代理权或代理权终止后未经被代理人追认的民间借贷合同;代理人以被代理人名义同自己签订的民间借贷合同;代理人以被代理人名义同自己代理的其他人签订的民间借贷合同;代理人与对方通谋签订的损害被代理人利益的民间借贷合同。

一方以欺诈、胁迫的手段或者乘人之危,使对方在违背真实意思的情况下签订的民间借贷合同。因为这些合同违背了作为有效合同须具备的行为人意思表示真实的条件。

恶意串通,损害国家、集体或者第三人利益而形成的借贷合同。

(3)从合同本身内容上看,违反法律和社会公共利益的民间借贷合同,以合法形式掩盖非法目的的合同为无效合同。

第三条　网络借贷信息中介机构按照依法、诚信、自愿、公平的原则为借款人和出借人提供信息服务,维护出借人与借款人合法权益,不得提供增信服务,不得直接或间接归集资金,不得非法集资,不得损害国家利益和社会公共利益。

借款人与出借人遵循借贷自愿、诚实守信、责任自负、风险自担的原则承担借贷风险。网络借贷信息中介机构承担客观、真实、全面、及时进行信息披露的责任,不承担借贷违约风险。

[解读]

一、网络借贷信息中介机构按照依法、诚信、自愿、公平的原则

此条首先规定:“网络借贷信息中介机构按照依法、诚信、自愿、公平的原则为借款人和出借人提供信息服务,维护出借人与借款人合法权益。”

(一)自愿原则

自愿原则是民事法律关系中平等自愿原则在网络借贷中的运用。民事法律关系中的平等原则指的是当事人的民事法律地位平等,一方不得将自己的意志强加给另一方。平等原则是民事法律的基本原则,是区别行政法律、刑事法律的重要特征。民事关系中的自愿原则,既表现在当事人之间,因一方欺诈、胁迫而达成的交易无效或者可以撤销,也表现在民事关系当事人与其他人之间,任何单位和个人不得非法干预。

自愿原则是法律赋予的,同时因为受到法律规定的限制,是在法律规定范围的自愿。法理的限制主要有两个方面:一是实体法的规定,如违反《暂行办法》和其他法律规定的网络借贷行为不能发生,不能因为当事人自愿就发生;二是程序法上的规定,只有符合法定程序的网络借贷行为才具有法律效力,不能将自愿原则凌驾于法定程序之上。

(二)诚信原则

诚信原则要求民事主体在民事活动中达成双方的利益平衡,以及当事人利益与社会利益的平衡。

诚信原则的含义:一是要求当事人言而有信,遵守已达成的协议,保护对方的合理期待;二是善意并尽合理的告知义务与披露义务;三是任何一方不得以不合理的方式导致另一方的不利益;四是诚实信用可以以公平合理的方式调整当事人之间的不合理与不公平的权利义务。

这一原则包含两个方面:一是诚信要求;二是法官的自由裁量权,在这一原则中最重要又是最基本的一点是诚信要求,即民事活动中任何一方必须本着善意进行民事活动,任何恶意的即以损害对方或社会利益为代价获得一方利益的民事行为都违反了诚信原则。违反这一要求,尽管不违反任何法律条款和合同,法官仍可裁定恶意方败诉,以求达到个体公正。这一原则的内涵和外延都具有不确定性,但它又是强制性原则,可以调整任何民事活动的任何阶段,以补充具

体法条与合同条款之不足。所以,诚信原则被称为民商领域的"帝王条款"。

(三)公平原则

公平原则是指参与交易的各方应当获得平等的机会。它要求网络借贷活动中的所有参与者都有平等的法律地位,各自权益都能得到公平保护。公平是指机会均等,平等竞争,营造一个所有市场参与者进行公平竞争的环境。

(四)依法原则

依法原则是现代国家金融监管机构行使监管权时所普遍奉行的基本准则,同时也是依法行政的体现。依法监管原则包括两大基本原则,即合法性原则和行政合理性原则。依据2004年3月国务院发布了《依法行政实施纲要》(国发〔2004〕10号),在依法行政总体原则下,对全面推进依法行政工作提出了具体要求,即合法行政、合理行政、程序正当、高效便民、诚实守信、权责统一。这就是我们依法行政的基本准则。合法原则就是行使监管权主体在实施行管理时应当依法进行,遵守合法性原则,这是现代法治对行政管理活动的最基本要求。没有法律,就没有行政,否则,越权无效;法律已经规定的,行政不可以违反;法律没有规定授权的,行政不可以作为。合理原则是指行使监管权主体在实施管理活动不仅要合法,而且还要合理,要遵循公平公正原则,这是对现代行政执法的更高要求。

行政权不仅要在法定的职权范围内行使,而且其行使必须正当,合乎理性,不得以背离法律目的、精神和原则的方式滥加行使。如果说行政合法是行政权界限,那么行政合理就是行政权行使的界限,总体要求是在控制行政机关滥用自由裁量权。程序正当原则行政机关在行使其职能时,要力争尽可能快的时间,尽可能少的人员,尽可能低的经济耗费,办尽可能多的事,取得尽可能大的社会效益、经济效益。行政效率原则要求行政机关积极履行法定职责,禁止不作为或不完全作为;遵守法定时限,禁止超越法定时限或者不合理延迟,延迟是行政不公和行政侵权的表现。

二、不得提供增信服务

"增信"是指网络借贷信息中介机构向出借人承诺自身或代借款人承担本金和利息的偿还义务。网络借贷信息中介机构在网络借贷中不能向出借人承诺承担本金和利息的偿还义务。

三、不得直接或间接归集资金

（一）不得直接归集资金

网络借贷信息中介机构，如直接归集资金就构成吸收存款，这是违反我国的法律与行政法规规定的。因此，网络借贷信息中介机构不能直接归集资金。

（二）间接归集资金

间接归集资金是指网络借贷信息中介机构从形式上没有归集资金，但是从实质上是在归集资金。如网络借贷信息中介机构利用假借款人进行借款就是一种间接归集资金。另外，网络借贷信息中介机构利用与自身存在关联关系的自然人、法人及经济组织进行借款并用于自身的商业目的，也属于间接归集资金的行为。

四、不得非法集资

不得非法集资中的"非法集资"是指《最高人民法院关于审理非法集资刑事案件具体应用法律若干问题的解释》（法释〔2010〕18 号）中所规定的非法集资的行为。

五、网络借贷信息中介机构信息披露责任的规定

这里的责任是指"法律责任"。"法律责任"是"法律"与"责任"的合成概念。广义的法律责任就是一般意义上的"法律义务"的同义词，狭义的法律责任则是由违法行为所引起的不利法律后果。法律责任是由特定法律事实所引起的对损害予以赔偿、补偿或接受惩罚的特殊义务。法律责任的构成可以概括为责任主体、违法行为或违约行为、损害结果、因果关系、主观过错五方面。此条法律责任的责任主体为网络借贷信息中介机构，是因违反法律、违约或法律规定的事由而承担法律责任的人。

（一）信息披露责任主体

网络借贷信息中介机构是信息披露的责任主体。

（二）信息披露的程度

网络借贷信息中介机构承担"客观、真实、全面、及时"的信息披露义务。

1. 客观性

客观性又称真实性，是指企业应当以实际性的交易或事项为依据进行确认、计量和报告，如实地反映借款人及借款项目信息，确保信息真实可靠，内容完整。

2. 真实性

真实性原则是指披露信息应以客观事实或在事实基础上的分析判断为基础,以没有扭曲和不加粉饰的方式,再现和反映真实状态。对发布的信息不存在虚假陈述、不合理评价、夸张性描述或恭维性的评价。

3. 全面性

完整性原则也称充分性原则或全面性原则,是指披露义务主体在披露信息时必须将所有可能影响投资者决策的信息均应得到披露;在披露某一具体信息时,必须对该信息的所有方面进行周密、全面、充分的揭示;不仅要披露对所发证券价格有利的信息,更要披露对所发证券价格不利的各种潜在或现实风险因素,不能有所遗漏。

4. 及时性

及时原则又称时效性原则,包括两个方面:一是定期报告的法定期间不能超越;二是重要事实的及时报告制度,当原有信息发生实质性变化时,信息披露责任主体应及时更改和补充,使投资者获得当前真实有效的信息。任何信息都存在时效性问题,不同的信息披露遵循不同的时间规则。

六、网络借贷信息中介机构不承担借贷违约风险

网络借贷信息中介机构不承担借贷违约风险是因为网络借贷信息中介机构不是借款法律关系的合同主体,既不是出借人,也不是借款人,只是提供信息服务的主体,所以不承担违约责任。

《最高人民法院关于审理民间借贷案件适用法律若干问题的规定》(法释〔2015〕18 号)第 22 条规定:“借贷双方通过网络贷款平台形成借贷关系,网络贷款平台的提供者仅提供媒介服务,当事人请求其承担担保责任的,人民法院不予支持。”

七、网络借贷信息中介机构承担借贷违约责任的情形

《最高人民法院关于审理民间借贷案件适用法律若干问题的规定》(法释〔2015〕18 号)规定:“网络贷款平台的提供者通过网页、广告或者其他媒介明示或者有其他证据证明其为借贷提供担保,出借人请求网络贷款平台的提供者承担担保责任的,人民法院应予支持。”如果网络贷款平台为了吸引投资者而通过网页、广告或者其他媒介明示或者有其他证据证明其为借贷提供担保的,平台应该承担担保责任。但此条并不是说网络借贷平台就能够做担保，这是从民事角度对债权人的保护。如网络借贷平台提供者通过网页、广告或者其他媒介明示或者有其他证据证明其为借贷提供担保，除了承担担保责任之外，还要根据相关监管部门的规定承担行政责任，如涉及刑事犯罪还要承担刑事责任。

第四条　按照《关于促进互联网金融健康发展的指导意见》中"鼓励创新、防范风险、趋利避害、健康发展"的总体要求和"依法监管、适度监管、分类监管、协同监管、创新监管"的监管原则，落实各方管理责任。国务院银行业监督管理机构及其派出机构负责制定网络借贷信息中介机构业务活动监督管理制度，并实施行为监管。各省级人民政府负责本辖区网络借贷信息中介机构的机构监管。工业和信息化部负责对网络借贷信息中介机构业务活动涉及的电信业务进行监管。公安部牵头负责对网络借贷信息中介机构的互联网服务进行安全监管，依法查处违反网络安全监管的违法违规活动，打击网络借贷涉及的金融犯罪及相关犯罪。国家互联网信息办公室负责对金融信息服务、互联网信息内容等业务进行监管。

[解读]

一、明确监管原则

第十二届全国人大会《政府工作报告》提出"促进互联网金融健康发展，完善金融监管协调机制，密切监测跨境资本流动，守住不发生系统性和区域性金融风险的底线"。2015 年 7 月 4 日《国务院关于积极推进"互联网 +"行动的指导意见》中提出"改进和完善互联网金融监管，提高金融服务安全性、有效防范互联网金融风险及其外溢效应"。互联网金融的创新一定程度上解决了小微企业及个人消费金融服务不足的问题，但同时我国的互联网金融发展过程中，对金融的核心本质风险特征的漠视和对已成立的法律缺乏敬畏，甚至有些非金融机构借助互联网技术提供金融服务的同时在突破、违反已成立的禁止性的法律规定，这使脆弱的市场乱象丛生、风险四溢，法律制度的规范作用丧失殆尽。不但破坏了整个社会秩序、法制环境及法律的权威，而且会影响互联网金融本身的健康与持续的发展和整个经济秩序的稳定，同时对投资者的财产构成欺诈性的剥夺。为充分发挥互联网金融对经济发展的作用，并保持该行业的持续发展，互联网金融应回归其金融的本质,在监管的框架下依法合规开展业务。互联网金融只能在风险防控和监管的情况下,才能稳定健康的发展。

此条规定的监管原则是“鼓励创新、防范风险、趋利避害、健康发展”的总体要求,以及“依法监管、适度监管、分类监管、协同监管、创新监管”的监管原则。

此监管原则与《指导意见》中的“二、分类指导,明确互联网金融监管责任”中的规定是一致的。在《指导意见》中互联网金融本质仍属于金融,没有改变金融风险隐蔽性、传染性、广泛性和突发性的特点。加强互联网金融监管,是促进互联网金融健康发展的内在要求。同时,互联网金融是新生事物和新兴的规定,因此互联网金融监管应遵循“依法监管、适度监管、分类监管、协同监管、创新监管”的原则。

(一)依法监管

监管是监督和管理两个层面。监管是以法律的手段来实施的。在本条强调“依法监管”。所谓依法,是指《暂行办法》规定的监管主体在执行监管职能时必须遵守《暂行办法》和其他相关规定。首先,监管范围要合法。各监管主体在对网络借贷活动进行监管要依照《暂行办法》及其他规定的监管范围进行监管。其次,监管方式要合法。监管机构对符合监管权限内的对象进行监管时,应该严格按照《暂行办法》及其他规定的方式进行监管。最后,监管处罚应该是合法的。

(二)适度监管

适度监管是指对于市场的创新行为的监管,可以让市场自主、社会自治先行或者占主导地位,在市场、社会无法自行解决的问题上再实施监管。并且监管部门在作出重大监管决策之前,应该进行必要的比例原则分析和成本收益分析,判断政府的监管目标是否正当,相应的备选的监管措施是否可以实现监管目标,是否对相关正当利益的侵害最小,以及是否可以做到“物有所值”。而且,这些分析应该是在公开、透明的环境中进行,以便让公众可以对分析的内容是否正当合理提出意见。一个慎议的、理性交流的监管决策作出过程,也同样体现政府的适度监管立场。

(三)分类监管

《暂行办法》中规定了网络借贷、互联网股权众筹、第三方支付、互联网保险等不同的互联网金融发展模式。对于这些不同的发展模式,应当根据我国金融领域分业监管的职责划分,将不同的互联网金融业务根据其业务的性质划分到各自的主管部门进行监管,并分别制定相应的监管细则。

(四)协同监管

《指导意见》由十部委共同出台,并且对于各自的监管职责都进行了具体的规定和划分,但是在对互联网金融进行监管的过程中,各监管机构应当积极建立起信息互通机制和合作机制,进行协同监管。

(五)创新监管

坚持创新监管的原则,应当科学合理界定各业态的业务边界及准入条件,落实监管责任,明确风险底线,保护合法经营,坚决打击违法和违规行为。

二、明确监管主体、分工和责任

(一)监管主体

对网络借贷信息中介机构进行监管的主体有国务院银行业监督管理机构、国务院银行业监督管理机构派出机构、各省级人民政府、工业和信息化部、公安部、国家互联网信息办公室。

(二)监管分工

国务院银行业监督管理机构及其派出机构负责制定网络借贷信息中介机构业务活动监督管理制度,并实施行为监管。

各省级人民政府负责本辖区网络借贷信息中介机构的机构监管。

工业和信息化部负责对网络借贷信息中介机构业务活动涉及的电信业务进行监管。

公安部牵头负责对网络借贷信息中介机构的互联网服务进行安全监管,依法查处违反网络安全监管的违法违规活动,打击网络借贷涉及的金融犯罪及相关犯罪。

国家互联网信息办公室负责对金融信息服务、互联网信息内容等业务进行监管。

(三)监管主体的责任

《暂行办法》第39条规定:"地方金融监管部门存在未依照本办法规定报告重大风险和处置情况、未依照本办法规定向国务院银行业监督管理机构提供行业统计或行业报告等违反法律法规及本办法规定情形的，应当对有关责任人依法给予行政处分；构成犯罪的，依法追究刑事责任。”

三、明确了行为监管

《暂行办法》中规定：“国务院银行业监督管理机构及其派出机构负责制定网络借贷信息中介机构业务活动监督管理制度，并实施行为监管。”

行为监管是监管机构为了保护消费者的安全权、知悉权、选择权、公平交易权、索赔权、受教育权等各项合法权益，制定公平交易、反欺诈误导、个人隐私信息保护、充分信息披露、消费争端解决、反不正当竞争、弱势群体保护、广告行为、合同规范、债务催收等规定或指引。

这种监管方式就意味着未来监管机构要求网络借贷信息中介机构必须遵守《暂行办法》及相关法律规定保护出借人和借款人的利益。

[行为监管的扩充知识]

行为监管主要采取“问题预防”的方式，运用行为经济学原理等工具、监测、识别、纠正金融消费者的行为偏差，对金融机构的行为和产品进行规范和干预。行为监管，一方面可以规范金融机构的经营行为，确保合适的金融产品卖给合适的金融消费者，降低金融消费者的违约率，确保金融机构的微观审慎监管的各项指标。另一方面，有效的行为监管可以提高金融消费者的行为理性，纠正其系统性行为偏差，提高其金融素养和风险防范意识及能力，增强其对金融市场的信心，而理性的金融消费者正是维护金融市场稳定和金融机构稳健运营的基石。传统的审慎监管的内容①主要是对金融机构的单体或系统性风险的防范，其指标体系和监管评级标准也更加侧重于金融机构在稳健运营和风险防范方面的能力。审慎监管以保证金融机构稳健运行，关注金融机构的安全和健康发展为目标，重点在金融机构、金融市场的供给行为。

网络借贷中各主体的性质不是金融机构，出借人和借款人主体所形成的是民事关系而不是金融关系，不受现有的金融法律制度所调整，无法适用“审慎监

---

① 审慎监管对金融机构监管的内容是资本充足率、资产质量、贷款损失准备金、风险集中度、关联交易、资产流动性、风险管理、内部控制等审慎经营的监管指标和要求，并组织现场检查、监测、评估其风险状况，及时进行风险预警和处置，以规范金融机构风险承担行为。

管及其标准"涵盖涉及公司治理、资本充足率、信用风险管理等方面的核心监管原则。[①] 投资者是一般投资者,对高风险的互联网金融行为缺乏足够的判断力。融资主体是资信不被传统金融服务覆盖的次级融资者,因此信用风险比传统的金融业的融资者要大。互联网金融主体不具备其指标衡量的客体,审慎监管的指标和标准对互联网金融机构进行监管是无的放矢,无法适用。行为监管是以确保市场公正透明、监督金融机构对待金融消费者的行为、维护金融消费者信心为目标,重点在金融市场的需求方,因此行为监管更适合互联网金融的监管。

四、《暂行办法》体现了多元化监管

我国对传统金融的监管随着 1993 年至 1998 年确立的分业经营的体制建立了以专业化监管的分业监管格局,并且于 2003 年 4 月成立了银监会,接替了中国人民银行的部分监管职能。我国这种分业经营、分业监管的金融体制为贯彻执行国家的金融法令和政策,整顿金融秩序,调整银行业和非银行业金融机构内部之间的关系,维护具有竞争性的高效金融体系运行、金融业的稳定与安全、公众在金融业中的正当利益、货币稳定,消除经济泡沫防范金融风险和促进国民经济持续、稳定增长发挥了重要的作用。从互联网金融的运行模式和发展过程中所暴露出的问题,足以说明用传统金融的风险防控方法、监管模式和监管法律制度无法防范互联网金融风险。因此就需要风险防控方法和金融监管法律制度也随之创新,这样才能够保证互联网金融创新的正面效应,消除其负面效应。分业体制对网络借贷并不适应,因此《暂行办法》中根据网络借贷活动本身引发的风险特征建立了多元化的监管体制。

在网络借贷交易中是在不特定的主体间进行的。《合同法》是以要约、承诺为核心内容的合同法规则,是以特定交易为基础的,而在网络借贷领域的合同都是以集中交易的方式出现的,传统民法的合同法规则几乎对此难以充分发挥作用,适应网络借贷的情况。另外,传统的金融监管是对特定的对象——金融机构进行监管,但在民间金融互联网化的参与主体中没有任何一方是金融机构。因此,对民间金融互联网化应采取何种监管已经是无法回避的命题。

另外,网络借贷的风险特征是技术风险。网络借贷是技术创新和金融电子

① Basel Committee on Banking Supervision, 2011. Consultative Document: Core Principles for Effective Banking Supervision.

化创新。技术创新与金融电子化的实现一方面大大提高了金融业效率,但另一方面也产生了新的不确定性——技术金融风险。网络借贷不同于传统的物理形态下存在的金融活动,是存在于电子空间中的金融活动,其存在形态是虚拟化的、运行方式是网络化的、运动结果是符号数字化的。它是信息技术特别是互联网技术和现代计算机技术飞速发展的产物,是适应电子商务发展需要而产生的网络时代的金融运作模式。除此之外,网络借贷还有技术选择风险。

《指导意见》第13项规定:"互联网行业管理。任何组织和个人开设网站从事互联网金融业务的,除应按规定履行相关金融监管程序外,还应依法向电信主管部门履行网站备案手续,否则不得开展互联网金融业务。工业和信息化部负责对互联网金融业务涉及的电信业务进行监管,国家互联网信息办公室负责对金融信息服务、互联网信息内容等业务进行监管,两部门按职责制定相关监管细则。"

《暂行办法》对网络借贷监管的规定体现了对网络借贷的这种创新模式的多元化监管。因为此种创新无论是在技术、专业及其风险方面都有自身的特征,技术方面涉及多技术和管理部门,专业方面也如此,因此《暂行办法》根据目前我国相关管理部门的分工和所具备的专业优势进行了多元化的监管分工,各自发挥自身管理部门的专业优势,规定了"国务院银行业监督管理机构及其派出机构负责制定网络借贷信息中介机构业务活动监督管理制度,并实施行为监管。各省级人民政府负责本辖区网络借贷信息中介机构的机构监管。工业和信息化部负责对网络借贷信息中介机构业务活动涉及的电信业务进行监管。公安部牵头负责对网络借贷信息中介机构的互联网服务进行安全监管,依法查处违反网络安全监管的违法违规活动,打击网络借贷涉及的金融犯罪及相关犯罪。国家互联网信息办公室负责对金融信息服务、互联网信息内容等业务进行监管"。"国务院银行业监督管理机构及其派出机构负责制定网络借贷信息中介机构业务活动监督管理制度,并实施行为监管。"在监管体制上进行了创新,实行了双负责的原则,而且采取行为监管。

第二章 备案管理

本章是对网络借贷信息中介服务的网络借贷信息中介机构及其分支机构的

准入与退出的规定。从《暂行办法》第5条至第8条,共4条。

网络借贷信息中介服务的网络借贷信息中介机构的准入是规范网络借贷行业的第一步,是防范风险的第一道关口。

第五条　拟开展网络借贷信息中介服务的网络借贷信息中介机构及其分支机构,应当在领取营业执照后,于10个工作日以内携带有关材料向工商登记注册地地方金融监管部门备案登记。

地方金融监管部门负责为网络借贷信息中介机构办理备案登记。地方金融监管部门应当在网络借贷信息中介机构提交的备案登记材料齐备时予以受理,并在各省(区、市)规定的时限内完成备案登记手续。备案登记不构成对网络借贷信息中介机构经营能力、合规程度、资信状况的认可和评价。

地方金融监管部门有权根据本办法和相关监管规则对备案登记后的网络借贷信息中介机构进行评估分类,并及时将备案登记信息及分类结果在官方网站上公示。

网络借贷信息中介机构完成地方金融监管部门备案登记后,应当按照通信主管部门的相关规定申请相应的电信业务经营许可;未按规定申请电信业务经营许可的,不得开展网络借贷信息中介业务。

网络借贷信息中介机构备案登记、评估分类等具体细则另行制定。

[解读]

一、明确了准入的方式备案制

本条规定了开展网络借贷信息中介服务的网络借贷信息中介机构及其分支机构准入的方式是备案制。

备案制是指被监管的主体向监管部门提交的法律与法规规定提交的材料,监管部门对收到的备案材料进行审查。审查的标准包括:(1)属于实行备案制管理的项目;(2)没有违反法律和法规;(3)不能将备案变成变相的核准或者审批。对于符合以上标准的,依法予以备案;对于不符合以上标准的,不予备案,并说明理由。

二、备案的程序和备案的部门

拟开展网络借贷信息中介服务的网络借贷信息中介机构及其分支机构的备

案的程序是:首先,在工商管理部门领取营业执照;其次,领取营业执照后于10个工作日以内携带有关材料向工商登记注册地地方金融监管部门备案登记。

这里明确了备案的部门是网络借贷信息中介服务的网络借贷信息中介机构注册地地方金融监管部门。拟开展网络借贷信息中介服的分支机构也要进行备案。

《暂行办法》对开展"网络借贷信息中介机构"业务的备案是开业的前提条件,它不同于一般的备案,而且还规定了领取营业执照后于10个工作日以内携带有关材料向工商登记注册地地方金融监管部门备案登记。

三、备案的前提条件及备案时间

地方金融监管部门负责为网络借贷信息中介机构办理备案登记,应当在网络借贷信息中介机构提交的备案登记材料齐备时予以受理,并在各省(区、市)规定的时限内完成备案登记手续。

地方金融监管部门完成网络借贷信息中介机构办理备案登记应当在各省(区、市)规定的时限内完成。

四、地方金融监管部门备案的性质

地方金融监管部门备案登记不构成对网络借贷信息中介机构经营能力、合规程度、资信状况的认可和评价。

这体现了对网络借贷信息平台的准入只进行形式要件的审查,不对其进行实质性要件的审查,即没有价值理念的审查。这种准入制减轻了地方监管部门工作量和压力,提高效率,降低成本,充分发挥了市场机制对网络借贷平台的约束作用,不提供任何监管背书。

五、地方金融监管部门对网络信息借贷机构的备案的权限

《暂行办法》规定:"地方金融监管部门有权根据本办法和相关监管规则对备案登记后的网络借贷信息中介机构进行评估分类,并及时将备案登记信息及分类结果在官方网站上公示。"

地方金融监管部门有权根据《暂行办法》和相关监管规则对备案登记后的网络借贷信息中介机构进行评估分类,并及时将备案登记信息及分类结果在官方网站上公示。这不仅是地方金融监管部门的权力也是其义务,从《暂行办法》"……并及时将备案登记信息及分类结果在官方网站上公示"的规定看,地方金融监管部门必须对已备案的网络借贷信息中介机构进行评估分类，并及时将备案登记信息及分类结果在官方网站上公示。这主要起到对向社会起到网络借贷信息中介机构资格的公示作用。

同时，根据《暂行办法》，网络借贷信息中介机构备案登记、评估分类等具体细则另行制定。

六、网络借贷信息中介机构开展业务的条件

网络借贷信息中介机构完成地方金融监管部门备案登记后，应当按照通信主管部门的相关规定申请相应的电信业务经营许可；未按规定申请电信业务经营许可的，不得开展网络借贷信息中介业务。

七、地方金融监管部门有对备案登记、评估分类等具体细则的制定权

地方金融监管部门有根据本《暂行办法》对备案登记、评估分类等具体细则的制定权，这就意味着地方金融监管部门在对备案登记、评估分类等具体细则的制定时不能违反《暂行办法》的规定，尤其地方政府金融监管部门不能把备案制变相为审批制。

第六条　开展网络借贷信息中介业务的机构，应当在经营范围中实质明确网络借贷信息中介，法律、行政法规另有规定的除外。

[解读]

本条是对网络借贷信息中介业务的机构的经营范围的规定。“开展网络借贷信息中介业务的机构，应当在经营范围中实质明确网络借贷信息中介。”这一规定主要作用是方便监管部门的监管与社会的监督，有对社会的明示和公示的作用。

但本条也有除外条款：“法律、行政法规另有规定的除外。”

第七条　网络借贷信息中介机构备案登记事项发生变更的，应当在5个工作日以内向工商登记注册地地方金融监管部门报告并进行备案信息变更。

[解读]

一、备案登记事项变更的规定

网络借贷信息中介机构备案登记事项发生变更的应报告并进行备案信息变

更备案。

二、变更事项的备案的部门

向工商登记注册地地方金融监管部门报告并进行备案信息变更。

三、变更备案的期限规定

5 个工作日以内。

四、向工商登记注册地地方金融监管部门报告

第八条　经备案的网络借贷信息中介机构拟终止网络借贷信息中介服务的,应当在终止业务前提前至少 10 个工作日,书面告知工商登记注册地地方金融监管部门,并办理备案注销。

经备案登记的网络借贷信息中介机构依法解散或者依法宣告破产的,除依法进行清算外,由工商登记注册地地方金融监管部门注销其备案。

[解读]

在一个完善的市场经济法律体系中,市场主体的退出法律制度是不可或缺的。公司终止是指公司根据法定程序彻底结束经营活动并使公司的法人资格归于消灭的事实状态和法律结果。它既可以指消灭法人资格的一种最终结果,也可以指消灭法人资格的一系列过程。根据《暂行办法》规定的程序经备案的网络借贷信息中介机构拟终止网络借贷信息中介服务的,应当在终止业务前至少 10 个工作日,书面告知工商登记注册地地方金融监管部门,并办理备案注销。这里一定要注意是"备案注销"。"备案注销"只是对"注销"这一行为的备案,不是对"备案"的注销。网络借贷信息中介机构"备案注销"后再根据《公司法》规定的公司终止的程序进行注销公司,公司注销后再由工商登记注册地地方金融监管部门注销其备案。

一、规定了注销备案的程序

对网络借贷信息中介机构拟终止规定了报告的时间(应当在终止业务前至少 10 个工作日)、报告的方式(书面)、被报告的机构(工商登记注册地地方金融监管部门),并且规定终止需要,并进行注销备案。

(一)根据《公司法》进行终止

网络借贷信息中介机构的终止应根据《公司法》和《暂行办法》的规定进行

退出市场。首先要根据《公司法》的规定实现终止。根据《公司法》规定,公司终止即是关于公司退出市场并消灭主体资格的法律制度,公司清算则是公司终止的必备前置程序。

(二)根据《暂行办法》进行注销备案

网络借贷信息中介机构在拟终止时不能忘记注销备案,因为根据《暂行办法》规定网络借贷信息中介机构应当在终止业务前至少10个工作日,书面告知工商登记注册地地方金融监管部门,并办理备案注销。

二、经备案登记的网络借贷信息中介机构依法解散的退出程序

根据我国《公司法》的规定,公司终止的原因主要包括:破产和解散。(1)公司破产是指不能清偿到期债务,被依法宣告破产并对其全部财产强制进行清算分配,最后终止公司。根据申请破产人的不同,破产包括由债权人申请破产和由公司自己申请破产两种。(2)公司解散是结束公司的正常经营活动,消灭其法人资格的一种法律程序。公司解散大致分为两种情况,一为自愿解散,二为强制解散。

根据《公司法》第181条规定,公司因下列原因解散:"(一)公司章程规定的营业期限届满或者公司章程规定的其他解散事由出现;(二)股东会或者股东大会决议解散;(三)因公司合并或者分立需要解散;(四)依法被吊销营业执照、责令关闭或者被撤销;(五)人民法院依照本法第一百八十三条的规定予以解散。"

"经备案登记的网络借贷信息中介机构依法解散"的公司,除依法进行清算外,由工商登记注册地地方金融监管部门注销其备案。

根据《公司法》第183条规定:"公司因本法第一百八十一条第(一)项、第(二)项、第(四)项、第(五)项规定而解散的,应当在解散事由出现之日起十五日内成立清算组,开始清算。"网络借贷信息中介机构依法解散需要进行破产清算,经破产清算结束再由工商登记注册地地方金融监管部门注销其备案。

公司清算是指公司解散或破产宣告破产后,依照一定程序终结公司事务,收回债权、清偿债务并分配财产,最终使公司终止消灭的程序。在进入清理程序后,公司便进入终止前的特殊阶段,其权利能力和行为能力均出现重大变化。清算期间,公司仍具有法人资格。公司解散或宣告破产后,公司法人资格和主体资格并未立即消灭,在清算期间,公司仍为法人,只是业务活动范围受到限制。清算期间,公司的代表机构为清算组织。公司董事会不再依其职责代表公司,公司的财产、印章、财务文件等均由清算组织接管。清算组织负责处理公司未了结的事务,并代表公司进行对外进行诉讼。公司清算的最终结果是导致公司法人资格消灭,公司终止。清算结束后,公司所有事务均已了结,债务清偿完毕,公司财产已全部被分配,这时清算组织即可向公司登记机关申请公司注销,最终消灭公司全部权利义务关系,公司终止。根据《公司法》第183条规定"公司因本法第一百八十一条第(一)项、第(二)项、第(四)项、第(五)项规定而解散的,应当在解散事由出现之日起十五日内成立清算组,开始清算。有限责任公司的清算组由股东组成,股份有限公司的清算组由董事或者股东大会确定的人员组成。逾期不成立清算组进行清算的,债权人可以申请人民法院指定有关人员组成清算组进行清算。人民法院应当受理该申请,并及时组织清算组进行清算。"

三、经备案登记的网络借贷信息中介机构依法宣告破产的退出程序

经备案登记的网络借贷信息中介机构依法解散或者依法宣告破产的,除依法进行清算外,由工商登记注册地地方金融监管部门注销其备案。并且根据《公司法》第190条规定,公司被依法宣告破产的,应当依照有关企业破产的法律实施破产清算。

第三章 业务规则与风险管理

本章是对业务与风险管理的规定,从第9条至第24条,共16条。

一、风险管理

(一)风险管理的概念

风险管理是指人们通过实施一系列的政策和措施来控制风险以消除或减少其不利影响的行为。

一项有效的风险管理体系和计划通常包括了风险本身的管理与非风险本身的管理,有时候,非风险本身的管理甚至要重于风险本身的管理。

(二)风险管理目标

风险管理目标由两个部分组成:损失发生前的风险管理目标和损失发生后

的风险管理目标，包括节约经营成本、降低风险发生率、减少忧虑心理；维持企业继续生存、生产服务持续、稳定收入、生产持续增长与承担社会责任。

（三）风险管理的基本程序

风险管理的基本程序，包括风险识别、风险估测、风险评价、风险控制和风险管理效果评价等环节。

（四）风险种类

1. 市场风险：市价波动对于企业营运或投资可能产生亏损之风险，如利率、汇率、股价等变动对相关部位损益的影响。

2. 信用风险：交易对手无力偿付货款，或恶意倒闭致求偿无门的风险。

3. 流动性风险：影响企业资金调度能力之风险，如负债管理、资产变现性、紧急流动应变能力。

4. 作业风险：作业制度不良与操作疏失对企业造成之风险，如流程设计不良或矛盾、作业执行发生疏漏、内部控制未落实。

5. 法律风险：契约之完备与有效与否对企业可能产生之风险，如承做业务之适法性、外文契约及外国法令之认知。

6. 会计风险：会计处理与税务对企业盈亏可能产生之风险，如账务处理之妥适性、合法性、税务咨询及处理是否完备。

二、业务规则

本章是网络借贷信息中介机构的业务规则，即是主体的行为规范。

第九条　网络借贷信息中介机构应当履行下列义务：

（一）依据法律法规及合同约定为出借人与借款人提供直接借贷信息的采集整理、甄别筛选、网上发布，以及资信评估、借贷撮合、融资咨询、在线争议解决等相关服务；

（二）对出借人与借款人的资格条件、信息的真实性、融资项目的真实性、合法性进行必要审核；

（三）采取措施防范欺诈行为，发现欺诈行为或其他损害出借人利益的情形，及时公告并终止相关网络借贷活动；

（四）持续开展网络借贷知识普及和风险教育活动，加强信息披露工作，

引导出借人以小额分散的方式参与网络借贷，确保出借人充分知悉借贷风险；

（五）按照法律法规和网络借贷有关监管规定要求报送相关信息，其中网络借贷有关债权债务信息要及时向有关数据统计部门报送并登记；

（六）妥善保管出借人与借款人的资料和交易信息，不得删除、篡改，不得非法买卖、泄露出借人与借款人的基本信息和交易信息；

（七）依法履行客户身份识别、可疑交易报告、客户身份资料和交易记录保存等反洗钱和反恐怖融资义务；

（八）配合相关部门做好防范查处金融违法犯罪相关工作；

（九）按照相关要求做好互联网信息内容管理、网络与信息安全相关工作；

（十）国务院银行业监督管理机构、工商登记注册地省级人民政府规定的其他义务。

[解读]

本条是规定网络借贷信息中介机构应当履行的义务，而且通过列举式条款加第10项的兜底条款：“（十）国务院银行业监督管理机构、工商登记注册地省级人民政府规定的其他义务。”这一兜底条款要特别注意，除了列举的应当履行的义务之外，国务院银行业监督管理机构和工商登记注册地省级人民政府还可以规定其他的应当履行的义务。《暂行办法》通过本条为网络借贷信息中介机构规定了义务，这就意味着此条中规定的义务是其法定义务。

一、依据法律法规及合同约定为出借人与借款人提供直接借贷信息的采集整理、甄别筛选、网上发布，以及资信评估、借贷撮合、融资咨询、在线争议解决等相关服务；

《暂行办法》对网络借贷信息中介机构的义务规定已经不仅仅是《合同法》第425条规定的“居间人应当就有关订立合同的事项向委托人如实报告。居间人故意隐瞒与订立合同有关的重要事实或者提供虚假情况，损害委托人利益的，不得要求支付报酬并应当承担损害赔偿责任”这一义务，还在此基础之上规定了为出借人与借款人提供直接借贷信息的采集整理、采集整理、甄别筛选、资信评估与在线争议解决等相关服务的义务。《合同法》第425条规定的义务是法律规定，《暂行办法》是法规规定，还有当事人的合同约定。

(一)信息的采集整理

《暂行办法》规定网络借贷信息中介机构不仅对信息要进行采集,还要进行整理。

(二)甄别筛选

甄别筛选是指首先要根据法律、行政法规及《暂行办法》的规定对信息要进行审查。这里的"甄别筛选"是根据法律、法规及合同的规定进行筛选,包括合法和合规的甄别筛选,还要有履约的甄别筛选。

(三)网上发布

网上发布是对甄别筛选的信息发布的形式要求。

(四)资信评估

1.资信评估的概念

资信评估有狭义与广义之分,狭义的资信评估是对企业的偿债能力、履约状况、守信程度的评价;广义的资信评估则指各类市场的参与者(企业、金融机构和社会组织)及各类金融工具的发行主体履行各类经济承诺的能力及可信任程度。从以上可以看出,资信评估主要包含专业机构、特定对象、履约能力、评价、符号等因素。

网络借贷信息中介机构的资信评估是指网络借贷的借款人对所负各种债务能否如约偿还本付息的能力和可信任程度的综合评估,是对债务偿还风险的综合评价。

资信评估的义务赋予网络借贷信息中介机构,就意味着网络借贷信息中介机构需要具有资信评估的专业能力,并且评估要坚持"公正、客观、科学"的原则。

2.资信评估的内容

资信评级包括对债务偿还能力的评价和债务偿还意愿的评价两个方面,其中能力是客观的,意愿是主观的。

网络借贷信息中介机构要制定资信评估规范的指标体系和科学的评估方法,以客观公正的立场,对各类市场的参与者偿债的能力及可信任程度进行综合评价,并以一定的符号表示其信用等级,这种评估是建立在定量基础上的定性判断。

(五)借贷撮合

借贷撮合是指网络借贷信息中介机构只能信息平台,而且是对形成借贷的法律关系进行撮合。

(六)融资咨询

网络借贷信息中介机构只能对融资进行提供咨询服务,不能对投资行为进行咨询。

(七)在线争议解决等相关服务

网络借贷信息中介机构还要承担在线争议解决的义务。在线争议解决是通过具有牵连关系的民间第三方介入而解决纠纷的机制。这种网络交易平台提供的纠纷解决机制具有以下特点:

1. 在线性。这种纠纷解决的方式依托于互联网,纠纷的解决过程主要在线上进行。

2. 民间性。裁决主体是网络交易平台,它与交易各方同属于平等的民事主体,基于和交易各方的服务协议受委托而获得裁决的资格。而且,其裁判所依据的规则也主要是自行制定的。正因如此,其裁判结论不具有当然的法律效力,如果投诉方或被投诉方不服网络交易平台的处理,可以起诉或申请仲裁,以获得具有法律效力的裁决。

3. 有牵连关系的民间第三方介入。通过具有牵连关系的民间第三方介入而解决纠纷的机制。

4. 方便快捷性。纠纷各方和裁判方均不必面见,投诉、陈述、辩论及举证等一系列活动都可以由各方在其本地上网完成,无须缴纳任何费用,短短几天就可以作出裁判。纠纷解决时间金钱成本低,而效率较高。

5. 一定的强制性。虽然网络交易平台是民间商业组织,但基于服务协议,它享有对平台上的交易各方的一定管理权限。当裁判结论是争议一方,的确存在违规的行为,网络交易平台强行采取的处理措施对违规方将产生不利的影响,最严厉的处理是永久性禁止登录和交易,这将使被处罚的交易方失去在该平台进行交易的资格。

6. 利益的关联性。必须注意,作为裁判方的网络交易平台的裁判方,其并非利益无涉的中立第三方,它们担当裁判者的首要目的是维护平台的利益,其次才是维护交易方的利益。

7. 对交易方利益保护的局限性。平台作为第三方采取的强制措施基本上都属于对违规交易方的管理性处罚,而欠缺对双方利益的衡平。

8. 在线交易发生纠纷后，由于消费者与交易对象一般无法见面，有些网络交易平台和商家对消费者诉求置之不理、拖延时间、推卸责任，消费者异地维权难度较大。

9. 步骤：在线纠纷解决的一般步骤为交易一方投诉——交易双方陈述、辩论及举证——网络交易平台居中裁判。

反观我国矛盾纠纷多元化解机制运行效果，实质上就是缺乏 ODR（online dispute resolution）所具有的高效便捷低廉优势。因此，推动 ODR 与我国矛盾纠纷多元化解机制的衔接，不仅丰富了我国矛盾纠纷多元化解机制的内涵，也有助于我国形成线上线下相互融通的矛盾纠纷多元化解机制，从而改变我国传统的矛盾纠纷多元化解机制完全借助线下方式的不利局面，而且能够保障建立健全有机衔接、协调联动、高效便捷的矛盾纠纷多元化解机制。

二、审核义务的规定

网络借贷信息中介机构审核的对象是出借人与借款人；审核的内容是出借人与借款人的资格条件、信息的真实性、融资项目的真实性、合法性。

网络借贷信息中介机构真实性审核的义务是对出借人和借款人提供的信息进行真实性的审核，真实性的审核要尽到最大审慎义务。合法性审核是要根据信息提供方的资料，依据法律、法规进行审核，这一义务比真实性的义务要刚性，因此应当对材料的合法性进行认真审核。

三、防范欺诈行为和其他损害出借人利益的义务

第 9 条第 3 项规定："采取措施防范欺诈行为，发现欺诈行为或其他损害出借人利益的情形，及时公告并终止相关网络借贷活动。"

（一）欺诈行为

欺诈行为是指故意向对方提供虚假情况或者履行在说明义务时，故意隐瞒事实而违反说明义务。因欺诈而发生的法律行为是指欺诈人故意向对方提供虚假情况或者在有说明义务时，故意隐瞒事实而违反说明义务，致使对方在不真实的基础上作出了错误的判断，并基于错误的判断作出了意思表示。欺诈包括积极欺诈和消极欺诈。

积极欺诈是指以积极的言辞提供虚假情况，如夸大商品的性能使对方在意思的形成过程中，受到自身以外的因素的影响，导致其意思表示的错误。

消极欺诈是指行为人根据法律或者根据诚实信用原则，具有对事实说明的义务，但是行为人违反这种义务，故意不作说明，致使对方认为自己的行为建立在真实的基础上，作出错误的判断并为意思表示。

（二）信息中介机构具体履行防范欺诈行为和其他损害出借人利益义务的措施

1. 采取防范措施；

2. 发现欺诈行为或其他损害出借人利益的情形要及时公告；

3. 发现欺诈行为或其他损害出借人利益的情形，及时终止相关网络借贷活动。

四、对出借人的权益保护

保护出借人的合法权益是网络生存与发展所必须解决的问题。网络借贷与传统金融借贷和民间借贷相比具有以下特点：一是网络扩大了出借人在金融决策中的作用，增大了出借人需要承担的风险责任。二是网络借贷具有普惠性，出借人是以一般投资者居多。投资者分为一般投资者和专业投资者，一般投资者即零售客户以及小型的法人和公益法人，一般投资者缺乏金融知识及经验，是金融市场的弱势群体，不一定有能力担负起做出良好金融决策的责任。对一般投资者应该按照金融消费者进行保护。“从金融机构与一般投资者的资讯财力专业不对等的角度出发，都认为一般投资者为金融消费者，赋予一般投资者等同于消费者的权利。”三是出借人自身的知识结构和获取信息渠道的局限性导致其对金融商品和金融服务存在认知上的偏差。

综上所述，网络借贷的出借人更需要从监管的角度进行保护。通过对其保护，使其理性地投资、合理地使用信贷，更成功地积累财富，增加长期整体福利，同时对网络借贷的有效竞争得以形成，也有助于形成运行良好的市场，促进网络借贷的稳定发展。

（一）网络借贷信息中介机构要持续开展知识普及教育活动的作用

1. 有利于出借人抵御风险

教育、信息和指导可以帮助出借人对他们的收入进行预算和管理储蓄、投资和保护自身抵御风险，以避免成为金融诈骗和欺诈的受害者。

2. 有利于网贷市场的经济功能顺利运作

由于网贷者数量众多、合力强大的特点，如果涉及面广的重大利益问题未得到妥善处理,就可能对网贷市场和经济环境造成较大冲击。

强化网贷市场对出借人的保护,不仅有利于规范网贷市场秩序和交易行为、减轻风险传递和扩散的危害,同时也将维护网贷市场稳定的关口前移至网贷产品设计、交易规范以及网贷出借人的教育等方面,防范系统性风险累积,从而提高网贷行业体系的稳定性和可持续性。

3. 有利于发挥市场约束机制

近几年,在国家不断鼓励金融创新的大背景下,金融产业服务模式、金融产品的创新不断涌现。金融创新在缓解中小企业和消费融资难的同时,也产生和集聚了金融风险问题。这些问题主要来自金融创新投资者中一般投资者数量的急剧增加,金融消费者的辨识难度不断加大,使市场约束机制的作用大为降低。这就使对金融消费者的教育显得尤为重要,通过教育能够向社会公众推广普及金融知识,提高金融服务消费者风险意识和自我保护能力,进而更好地发挥市场机制对金融创新的约束作用,从而保证金融创新的健康持续的发展。

4. 提高出借人的信心

有效的出借人保护和教育,可以重塑社会对网贷行业体系的信心,提高出借人安全意识和自我保护能力,使网贷在更大范围内更好地服务实体经济和满足消费者的需要。

5. 有利于网贷行业稳健经营的作用

对出借人的保护本身隐含着网贷行业的公信力建设。在对出借人权益保护中,教育是显性的,是能够让出借人充分而直接地感受到网络借贷信息中介机构的服务与真诚。通过教育机构可以了解客户,同时也可以让客户了解机构,是网贷机构树立声誉、吸引客户的立身之本。

(二)网络借贷信息中介机构持续开展风险教育活动

网络借贷信息中介机构不仅持续展开知识的教育,还要展开风险教育活动。风险教育是行为监管的一种方式。风险教育可以提高出借人的风险认知能力,即提高了出借人的行为能力,同时也是对出借人的事前保护。

(三)网络借贷信息中介机构承担信息披露义务

传统信息披露制度,是指上市公司以招股说明书、上市公告书以及定期报告或临时报告等形式,把公司及与公司相关的信息,向投资者和社会公众公开披露的行为。在互联网金融领域,尚没有对“信息披露”的正式法律界定与相关规定。在实践中,互联网金融领域各行业普遍认为,信息披露是指互联网金融公司在进行业务撮合的过程中,将自己所掌握的借款人及担保人的基本信息展示在平台网站上,向平台投资人予以披露的行为。

我国互联网金融领域监管层的意见一直很清晰的表明,互联网金融领域信息披露十分重要,通过使平台投资人了解借款人的真实信息及还款能力,保障投资人的还款安全。《指导意见》指出,网贷平台应当向客户进行充分的信息披露,向各参与方详细说明交易模式、参与方的权利和义务等。另外,自2014年1月1日起正式施行的《消费金融公司试点管理办法》(以下简称《消费金融管理办法》)中,明确规定了金融消费者的“金融获知权”,即“金融消费者享有知悉其购买的金融产品或者接受的金融服务的真实情况的权利”。网络借贷平台上的投资人作为与网贷平台建立金融服务合同关系、接受金融服务的自然人,同样符合该《消费金融管理办法》中对“金融消费者”含义的界定,因此可以认为,网贷平台的投资人同样依法享有“金融获知权”,有权利知悉网贷平台上借款项目的真实情况,并决定是否出借资金。另外,我国《合同法》也明确规定,“订立借款合同,借款人应当按照贷款人的要求提供与借款有关的业务活动和财务状况的真实情况”。“居间人应当就有关订立合同的事项向委托人如实报告。”可见,网贷平台的信息披露行为是合法的,且是网贷平台应尽的义务。

《互联网金融信息披露标准——P2P网贷(征求意见稿)》和《中国互联网金融协会互联网金融信息披露自律管理规范(征求意见稿)》已向中国互联网金融协会会员单位征求意见。这是自2015年人民银行等十部委联合发布《指导意见》后,协会依据《指导意见》中“制订经营管理规则和行业标准”的要求制定的首部标准。

中国互联网金融协会组织制定《互联网金融信息披露标准》和《中国互联网金融协会信息披露自律管理规范》,要求协会会员按照标准和配套自律制度规范自身信息披露行为,并鼓励未加入协会的从业机构参照执行。

信息披露标准与配套自律制度的出台将有效规范互联网金融从业机构信息披露行为,更好发挥社会公共监督作用,防范道德风险和欺诈行为,切实保护金融消费者和投资者的合法权益,成为互联网金融风险治理长效机制的重要组成部分。

中国互联网金融协会组织制定的互联网金融信息披露标准及配套自律制度标准及配套自律制度采取了市场化的“分级分类”理念;采取了“穿透式”行为监管方法;同时兼顾了上位法律规章制度要求。

中国互联网金融协会制定的信息披露标准,参考借鉴了英美监管政策和自律规则中对互联网金融信息披露的具体要求以及银行、证券、保险等相关金融类行业自律组织对信息披露方面的要求。标准整体框架借鉴了其他金融标准的框架结构,分为术语定义、信息披露基本原则、信息披露内容三大部分以及规范性附录,首先明晰定义与原则,然后给出操作方法与示例。

《中国互联网金融协会信息披露自律管理规范(征求意见稿)》全文共30条,分为总则、信息披露管理与责任、信息披露方式和要求、奖惩、附则五部分内容。该规范按照行为监管思路,明确“穿透式”原则,覆盖个体网络借贷、互联网非公开股权融资、互联网消费金融、互联网理财等互联网金融各业态、各领域的信息披露行为。

上海信息服务业行业协会根据上海市政府的要求,也将出台网贷平台信息披露方面的指引办法,从而规范网贷平台的业务行为,促进网贷行业的健康发展。据了解,该协会起草的指引办法内容将包括网贷平台基本信息、借款融资等项目信息、借款人财务信息等。届时,上海信息服务业行业协会将依据其制定的信息披露打分表为各网贷平台信息披露情况进行评分。该打分表包含内容齐全,包括主体信息、业务信息、产品信息、财务信息及其他信息5大类。具体来说,主体信息是指借款人的基本信息,包括借款人营业执照相关信息、股东情况等;产品信息是指借款项目的相关情况,包括借款期限、借款利率、还款来源等;业务信息是指借款项目成交的相关情况,包括出借人人数、借款成交额、还款时间、交易逾期情况等;财务信息是指财务报表,主要针对借款企业而言;其他信息包括资金结算、信用评级等。其中,所占权重最高的为业务信息部分。

上海市政府的要求,表明了监管层对于网贷平台信息披露的态度,也表明了信息披露的重要性。

(四)网络借贷信息中介机构引导出借人以小额分散的方式参与网络借贷

这一规定赋予网络借贷信息中介机构有引导的义务,引导出借人进行小额分散的方式进行借贷。

（五）网络借贷信息中介机构确保出借人充分知悉借贷风险

这一规定是对网络借贷信息中介机构赋予了对出借人风险提示的义务。本条内容主要是对出借人利益进行保护。这是一种行为监管的方式，行为监管就是从保护被服务方权益的的角度对提供服务方进行的监管。网络借贷关系中，网络借贷信息中介机构是提供服务方，出借人是被提供服务的一方当事人，而且出借人面临货币财产的损失，因此从保护出借人的权益和防范出借人货币财产损失的风险对网络借贷信息中介机构设置义务。

五、报送信息的义务规定

网络借贷信息中介机构要按照法律法规和网络借贷有关监管规定要求报送相关信息，其中网络借贷有关债权债务信息要及时向有关数据统计部门报送并登记。

此规定有利于监管部门掌握整个网贷行业的总体情况及每个网络借贷信息中介机构债权债务的总量，同时也有利于网络借贷信息中介机构之间的信息共享。

六、网络借贷信息中介机构证据保全与信息安全的义务

网络借贷的发展过程及出现的风险事件及纠纷中最主要的问题是证据保全和隐私权的保护。

（一）妥善保管出借人与借款人的资料和交易信息

（二）不得删除、篡改出借人与借款人的基本信息和交易信息

网络借贷由于其以互联网为基础的特性，几乎一切业务均在网络上进行，无论是借款人还是出借人，均可能来自全国各地，且一般来说，每一笔借款的出借方都会达到数十人甚至上百人。在这种情况下，如果参照商业银行发放个人贷款业务中面谈面签的制度，要求网络借贷平台上的借款人与出借人当面签订借款合同，将会大大限制网贷平台业务的地域范围，使互联网金融失去其应有的意义，并提高合同签订成本；如果参照传统企业之间的习惯，采用邮寄的方式签订，将会在增加融资的时间成本与经济成本的同时，难以保证签章的真实性。因此，使用并保证电子合同的效力是十分必要的。

我国现行法律对电子合同早已有相关规定。我国《合同法》第 11 条明确规

定，书面形式是指合同书、信件和数据电文（包括电报、电传、传真、电子数据交换和电子邮件）等可以有形地表现所载内容的形式。可见，以电子合同形式签订合同符合《合同法》对合同形式的要求。另外，我国于2005年4月1日即已正式施行的《电子签名法》第3条规定，民事活动中的合同或者其他文件、单证等文书，当事人可以约定使用或者不使用电子签名、数据电文。当事人约定使用电子签名、数据电文的文书，不得仅因为其采用电子签名、数据电文的形式而否定其法律效力。因此，网络借贷平台的借款合同和担保合同属于民事合同，且不属于法律禁止采用电子合同的情形，所以网贷平台的电子合同应当认为其具有法律效力。当然，电子合同应当以能够有效地表现所载内容并可供随时调取查用，能够可靠地保证自最终形成时起，内容保持完整、未被更改等为前提条件。并且，我国《民事诉讼法》第36条也明确规定了电子数据可以作为证据使用。

根据上述分析，网络借贷平台业务采用电子合同与数字签名是合法有效的。但是，考虑到我国当前对电子合同与数字签名的有效性判例相对较少，对其真实性较难判断，因此，很多网贷平台会通过采取一些辅助手段以加强电子合同的真实性、合法性、有效性。有网贷平台与第三方互联网法律服务商进行合作，通过“合同审查”、“证据托管”、“维权触发机制”等措施，保证电子合同的不可被篡改性。具体来说，网贷平台在借贷双方签订电子合同后，即时将该电子合同存入该第三方服务商网站。电子合同各方当事人可以通过该网站随时进行合同查询。该互联网法律服务商基于其与网贷平台业务无直接利益关系的第三方身份，能够有效保证其所保存电子合同的真实性与不可被篡改性，一旦发生合同争议，将以该第三方保存的电子合同版本为准。

（三）不得非法买卖借人与借款人的基本信息和交易信息

《刑法》第253条之一【侵犯公民个人信息罪】违反国家有关规定，向他人出售或者提供公民个人信息，情节严重的，处三年以下有期徒刑或者拘役，并处或者单处罚金；情节特别严重的，处三年以上七年以下有期徒刑，并处罚金。

违反国家有关规定，将在履行职责或者提供服务过程中获得的公民个人信息，出售或者提供给他人的，依照前款的规定从重处罚。

窃取或者以其他方法非法获取公民个人信息的，依照第一款的规定处罚。

单位犯前三款罪的，对单位判处罚金，并对其直接负责的主管人员和其他直接责任人员,依照各该款的规定处罚。

(四)泄露出借人与借款人的基本信息和交易信息

1. 隐私权的相关问题

隐私权在我国现行法律中,并未被确立为一项独立的人格权,也没有明确的概念界定。只能从法理上认为,隐私权是指自然人享有的私人生活安宁与私人信息秘密依法受到保护,不被他人非法侵扰、知悉、收集、利用和公开的一种人格权。

《侵权责任法》第2条将"隐私权"纳入民事权益范畴内,并规定侵害民事权益的,应当依照《侵权责任法》承担侵权责任。

在法理上,传统领域的隐私权应当包括权利人未公开且不同意公开的其姓名、肖像、住址、电话号码、财产状况、社会关系及其他个人材料等。而在互联网领域,隐私权的内涵应当扩大至表明个人基本信息的电子数据资料,包括个人基本情况、标识个人生活与工作经历和社会情况等与网络有关的个人信息。具体来说,包括个人网上账号、密码、个人信用记录、邮箱地址、网络活动轨迹等信息。

但是,事实上我国现行法律对于"隐私"的概念并没有明确的界定,对于侵犯"隐私权"的行为也没有明确的惩罚措施,因此,在实践中,一般只能通过保护名誉权或是姓名权、名称权的方式对公民隐私权予以保护。我国《最高人民法院关于贯彻执行中华人民共和国民法通则若干问题的意见试行》(以下简称《意见》)中规定"以书面、口头等形式宣扬他人的隐私,或者捏造事实公然丑化他人人格,以及用侮辱、诽谤等方式损害他人名誉,造成一定影响的,应当认定为侵害公民名誉权的行为"。虽然该规定提到了"以书面、口头等形式宣扬他人的隐私"的行为,但是还需要"造成一定影响",才能被认定为侵害名誉权。《意见》中另外还规定了,通过侵害他人的姓名权而获利的,侵权人应当依法赔偿损失。

那么,网贷平台的信息披露行为是否属于侵害他人姓名权的行为呢?《意见》第141条对侵害姓名权的行为做了界定,即"盗用、冒用他人姓名、名称造成损害的,应当认定为侵犯姓名权、名称权的行为"。网贷平台的披露行为并非盗用、冒用,因此,依据我国现行法律规定,其行为并未侵犯借款人姓名权。

根据前述法理界的观点,个人网上账号、密码、个人信用记录、邮箱地址、网络活动轨迹等信息也属于隐私权范畴之内,他人应予保护。那么,在互联网金融领域,作为信息中介的网络借贷平台对借款人信息的披露行为是否属于侵权行为呢?答案应该是否定的。个人网上账号是其在网络上的唯一标识,通过该网上账号与真实姓名及身份证号相对应,才能保证借款合同的合法有效性,因此,必须予以披露。个人信用记录及个人财产方面,事实上是作为借款人的还款意愿、还款能力及征信证明而进行披露的,信用记录及财务状况的良好能够促使其借款需求尽快得到满足,因此,可以认定为个人信用记录及财务信息的披露是经过借款人授权的行为,不可称为侵犯隐私权的行为。

另外,隐私权作为一种人格权,其权利主体应为自然人,不包括法人。对于法人来说,其财务信息等相关情况应当作为商业秘密而进行保护。但是,作为借款企业来说,网贷平台在对其进行信息披露的时候,不可避免地要披露其法定代表人的基本信息,此时,仍然涉及自然人的隐私权问题,其保护与披露与前述相同。

隐私是一个人独处的权利。① 其权利性质"是公民享有的私人生活安宁与私人信息依法受到保护,不被他人非法侵扰、知悉、搜集、利用和公开等的一种人格权"。② 在互联网金融中,从个人数据的采集、处理以及应用中,信息中介机构积累了大量的客户个人信息,这些信息极容易被盗取或丢失,甚至被冒用。在利益驱使下,越来越多的机构或个人采取种种手段获取他人信息,加之部分企业对信息的保护意识和保护能力不强,导致近年来对个人信息的侵权行为时有发生。

目前我国尚无一部专门的法律对个人信息数据,特别是个人金融信息的收集、使用、披露等行为进行规范,立法散乱,呈零星、分散状态,不成体系,目前主要通过《宪法》和相关法律法规对个人信息进行间接保护。近年来我国加快了个人信息安全保护的立法和修法进程,如《刑法修正案(七)》、《侵权责任法》、《居民身份证法(修订)》等法律相继出台,民事、行政和刑事责任三位一体的个人信息保护法律框架基本构筑。还有前面所提到的全国人大常委会于 2012 年 12 月 28 日通过的《关于加强网络信息保护的决定》,进一步强化了以法律形式保护公民个人信息安全。但这些法律法规仍然过于原则化抽象化,导致缺乏实际可操

① Samuel Warren And Louis Brandies, "The Right to Privacy", *Harvard Law Review*, 15 December 1890, Vol. IV, pp. 193 - 220.

② 张新保著:《隐私权的法律保护》,群众出版社 1997 年版,第 21 页。

作性,并存在规制范围狭窄、公民举证困难等不足。此外,现行“谁主张,谁举证”的司法规则在大数据时代下存在很大的局限性。由于现代信息技术环境下收集和滥用个人用户信息的主体众多、渠道隐蔽、方式先进,导致被侵害合法权益的个人用户举证难度极大,即使最后举证成功,在请求损害赔偿时也很难证明和评估个人的实际损失。

2. 信息披露与隐私权保护之间的平衡

鉴于网络借贷平台借款业务是脱离了传统熟人之间限制的、基于网络、产生于陌生人之间的借贷关系,因此平台投资人要求网贷平台适度披露借款人及担保人的相关基本信息,以了解借款项目真实性、借款人还款能力及还款欲望等相关情况,结合自身理财习惯,进行合理的投资决策,从而减少投资风险,是合情合理的。另外,当前的网络借贷平台鱼龙混杂,发布虚假借款信息借以非法集资等事件频频发生。因此,通过适当的信息披露使外界对互联网金融行业及网络借贷平台重拾信心也是十分必要的。但是,网贷平台对借款人及借款项目信息的披露如果过多,又可能会涉嫌侵害借款人的隐私权,因此,如何在投资人保护和借款人保护之间找到一个合适的度十分重要。

对于平台投资人来说,其最关心的应该就是借款人的还款能力与还款意愿,当然这是建立在借款项目真实有效的基础之上的。为了满足平台投资人的需求,在实践中,网络借贷平台一般会选择披露如下信息:

(1)借款用途;

(2)还款来源;

(3)住所地或经营地;

(4)借款人是自然人的,则披露其真实姓名、身份证号码、职业、收入、配偶或父母等财务相关人;借款人是法人或其他组织的,则披露其企业名称、营业执照、纳税证明、财务报表、经营范围;

(5)信用记录或信用评级。

而对于借款人来说,其关心的则是自己的私人信息保护情况。虽然网络借贷平台仅针对注册会员提供服务,只有注册会员能够看到平台网站上披露的项目信息,但是作为公众网站,成为其注册会员是极其容易的,如果处理不当,借款人的信息安全将会受到严重的威胁,甚至会受到严重的骚扰,后果不堪设想。

因此，为了保护借款人的隐私权，实践中，网络借贷平台会选择在披露上述信息时采取马赛克等技术手段对关键信息点进行隐藏，如无必要，则不披露。具体来说，主要有如下措施：

一是借款人真实信息以身份证形式披露，但是号码隐藏，照片隐藏，只在合同中写明；配偶或父母等相关人信息以户口簿形式披露，但是将信息隐藏；企业的财务报表隐藏；

二是自然人的住所地披露至市一级，但是在合同中应当写明；借款企业的经营地可以披露。

在互联网金融监管意见细则尚未出台之前，信息披露的程度只能由网贷平台自行把握，希望本书可以对网贷平台在保护投资人作为金融消费者的知情权与保护借款人的隐私权的平衡方面有所启发。

七、反洗钱和反恐怖融资义务

信息中介机构应当依法履行客户身份识别、可疑交易报告、客户身份资料和交易记录保存等反洗钱和反恐怖融资义务。

《指导意见》第18项规定："反洗钱和防范金融犯罪。从业机构应当采取有效措施识别客户身份，主动监测并报告可疑交易，妥善保存客户资料和交易记录。从业机构有义务按照有关规定，建立健全有关协助查询、冻结的规章制度，协助公安机关和司法机关依法、及时查询、冻结涉案财产，配合公安机关和司法机关做好取证和执行工作。坚决打击涉及非法集资等互联网金融犯罪，防范金融风险，维护金融秩序。金融机构在和互联网企业开展合作、代理时应根据有关法律和规定签订包括反洗钱和防范金融犯罪要求的合作、代理协议，并确保不因合作、代理关系而降低反洗钱和金融犯罪执行标准。人民银行牵头负责对从业机构履行反洗钱义务进行监管，并制定相关监管细则。打击互联网金融犯罪工作由公安部牵头负责。"

反洗钱，是指预防通过各种方式掩饰、隐瞒毒品犯罪、黑社会性质的组织犯罪、恐怖活动犯罪、走私犯罪、贪污贿赂犯罪、破坏金融管理秩序犯罪等犯罪所得及其收益来源和性质的洗钱活动。常见的洗钱途径广泛，涉及银行、保险、证券、房地产等各种领域。反洗钱是政府动用立法、司法力量，调动有关的组织和商业机构对可能的洗钱活动予以识别，对有关款项予以处置，以及对相关机构和人员予以惩罚，从而达到阻止犯罪活动目的的一项系统工程。反洗钱对维护金融体系的稳健运行，维护社会公正和市场竞争，打击腐败等经济犯罪具有重大的意义。洗钱是严重的经济犯罪行为，不仅破坏经济活动的公平公正原则，破坏市场经济有序竞争，损害金融机构的声誉和正常运行，威胁金融体系的安全稳定，而且与贩毒、走私、恐怖活动、贪污腐败和偷税漏税等严重刑事犯罪相联系，已对一个国家的政治稳定、社会安定、经济安全以及国际政治经济体系的安全构成严重威胁。“9·11”事件之后，国际社会更加深了对洗钱犯罪危害的认识，并把打击资助恐怖活动也纳入打击洗钱犯罪的总体框架之中。针对国内国际反洗钱和打击恐怖主义活动所面临形势，中国政府在2013年加大了反洗钱的工作力度。人民银行也从组织机构和制度建设以及加强监管方面加强了反洗钱工作。《中国人民银行法》第4条规定，中国人民银行负有“指导、部署金融业反洗钱工作，负责反洗钱的资金监测”的职责。

《反洗钱法》第4条规定：“国务院反洗钱行政主管部门负责全国的反洗钱监督管理工作。国务院有关部门、机构在各自的职责范围内履行反洗钱监督管理职责。”

《金融机构反洗钱规定》第3条规定：“中国人民银行是国务院反洗钱行政主管部门，依法对金融机构的反洗钱工作进行监督管理。中国银行业监督管理委员会、中国证券监督管理委员会、中国保险监督管理委员会在各自的职责范围内履行反洗钱监督管理职责。”

国务院反洗钱行政主管部门，国务院有关部门、机构和司法机关在反洗钱工作中应当相互配合。

洗钱行为具有严重的社会危害性，它不仅损害了金融体系的安全和金融机构的信誉，而且对我国正常的经济秩序和社会稳定，具有极大地破坏作用。

1997年修订后的《刑法》在反洗钱刑事立法方面有了重要进展。第一次专门规定了洗钱罪。根据该法第191条的规定，明知是毒品犯罪、黑社会性质的组织犯罪、走私犯罪的违法所得及其产生的收益，而掩饰、隐瞒其来源和性质的，属于洗钱罪。关于洗钱的具体行为方式，主要包括提供资金账户；协助将财产转换为现金或者金融票据；通过转账或者其他结算方式协助资金转移的；协助将资金汇往境外的；以其他方法掩饰、隐瞒犯罪的违法所得及其收益的性质和来源五种方式。同时,对《刑法》规定的窝赃罪作了修改,将过去规定的窝赃罪的客观表现形式由窝藏、代为销售,改为窝藏、转移、收购、代为销售。由此确定了我国《刑法》根据不同犯罪的洗钱活动,予以分别打击的立法模式。即对涉毒品犯罪、黑社会性质组织犯罪、走私犯罪等严重犯罪的洗钱犯罪活动,适用关于洗钱罪的规定,予以较为严厉的惩罚;对涉其他犯罪活动的洗钱犯罪活动,依据刑法关于窝赃罪的规定处罚。

2001 年 12 月为适应打击恐怖活动犯罪的需要,全国人大常委会通过了《刑法修正案(三)》,其中对反洗钱的刑事法律又作了进一步的完善。在《刑法》第 191 条规定的洗钱罪的上游犯罪中增加了恐怖活动犯罪。同时,将资助恐怖活动组织或者实施恐怖活动的个人的行为,也增加规定为犯罪。

2006 年 8 月根据反洗钱工作实际的需要,为了加强反洗钱国际合作,全国人大常委会通过了《刑法修正案(六)》,对《刑法》第 191 条规定的洗钱罪上游犯罪的范围又作了进一步的扩大,将贪污贿赂犯罪、破坏金融管理秩序犯罪、金融诈骗犯罪作为洗钱罪的上游犯罪。同时,对《刑法》第 312 条规定的窝赃罪又作了进一步的修改完善。

反洗钱的主要制度内容有:

(一)客户识别制度

客户识别制度是指反洗钱义务主体在与客户建立业务关系或者与其进行交易时,应当根据真实有效地身份证件或者其他身份证明文件,核实和记录其客户的身份,并在业务关系存续期间及时更新客户的身份信息资料。

客户身份识别制度是防范洗钱活动的基础性工作。借鉴有关客户身份识别的国际标准,结合我国的实践,《反洗钱法》第 16 条对金融机构建立客户身份识别制度的义务作了较为详细的规定。同时第 17 条还规定,金融机构在一定情况下可以委托第三方识别客户身份。为保障金融机构履行客户身份识别的反洗钱义务,《反洗钱法》第 18 条赋予金融机构进行客户身份识别,认为必要时,可以向公安、工商行政管理等部门核实客户有关身份信息的职权。

(二)报告制度

非法资金流动一般具有数额巨大、交易异常等特点,因此,法律规定了大额和可疑交易报告制度,要求金融机构、特定非金融机构对数额达到一定标准、缺乏明显经济和合法目的的异常交易应当及时向反洗钱行政主管部门报告,以作为发现和追查违法犯罪行为的线索。其中,大额交易报告,是指金融机构对规定金额以上的资金交易依法向反洗钱行政主管部门报告。可疑交易报告,是指金融机构怀疑或有理由怀疑某项资金属于犯罪活动的收益或者与恐怖分子筹资有关,应当按照要求向反洗钱行政主管部门报告。《反洗钱法》第 20 条规定金融机构应当建立大额交易和可疑交易报告制度,要求金融机构办理的单笔交易或在规定期限内累计交易超过规定金额或者发现可疑交易的,应当及时向反洗钱信息中心报告,以作为发现和追查洗钱行为的线索。

(三)保存制度

客户身份资料和交易记录保存,是指金融机构依法采取必要措施将客户身份资料和交易信息保存一定期限。设立该制度的主要目的有三个:一是作为金融机构履行客户身份识别和交易报告义务的记录和证明;二是可以为掌握客户真实身份、再现客户资金交易过程、发现可疑交易提供依据;三是为违法犯罪活动的调查、侦查、起诉、审判提供证据。对此项制度的具体内容,《反洗钱法》第 19 条作了明确规定。参照国际通行规则,规定客户身份资料自业务关系结束后,客户交易信息自交易结束后,应当至少保存 5 年。

八、配合相关部门做好防范查处金融违法犯罪相关工作

(一)金融犯罪的概念

金融犯罪,是指发生在金融活动过程中的,违反金融管理法规,破坏金融管理秩序,依法应受刑罚处罚的行为,如洗钱、金融诈骗等均是我们日常生活里所熟悉的金融犯罪类型。

我国《刑法》第 13 条用外延与内涵相结合的方法作了准确、完整的界定。金融犯罪是犯罪的一类,其内涵可以从犯罪学和金融学两个角度来考察。

从犯罪学的角度来考察,金融犯罪指一切侵犯社会主义金融管理秩序应该受到刑法处罚的行为。

从金融学的角度考察,金融犯罪直接或者间接侵犯了我国的资金融通体系,阻碍或者歪曲了货币的流通,限制或者破坏了信用的提供,从而危及我国金融机构和金融市场的正常运转。

（二）金融犯罪的分类

金融犯罪的分类是以金融犯罪特征与种类的确定性为前提。所谓金融犯罪，是指行为人违反金融法规，以金融秩序为单一客体，触犯刑法并应当负刑事责任的行为。根据这一定义，金融秩序是金融犯罪的必要客体，对于犯罪客体为简单客体的金融犯罪来说，金融秩序是单一客体；对于客体为复杂客体的金融犯罪而言，金融秩序必须是其主要客体。这既是金融犯罪的共同特征、一般本质，也是金融犯罪据以分类的标准。有学者认为，在金融领域中，有些犯罪对金融秩序的破坏，只是其次要特征，对国家财产所有权的侵害才是其主要特征，如信用卡诈骗罪、信用证诈骗罪、集资诈骗罪等。这种观点等于承认以金融秩序为次要客体的犯罪也都是金融犯罪，其结果只能是把金融犯罪归结为“金融领域中的犯罪”或者“金融系统中的犯罪”。这也正是在前引金融犯罪的各种定义中，为什么同样是坚持“犯罪客体说”，而所囊括的金融犯罪的罪种范围却大相径庭的原因。

九、按照相关要求做好互联网信息内容管理、网络与信息安全相关工作

这一项的规定是从网络借贷的网络特性的角度来规定的。《指导意见》第17项规定：“网络与信息安全。从业机构应当切实提升技术安全水平，妥善保管客户资料和交易信息，不得非法买卖、泄露客户个人信息。人民银行、银监会、证监会、保监会、工业和信息化部、公安部、国家互联网信息办公室分别负责对相关从业机构的网络与信息安全保障进行监管，并制定相关监管细则和技术安全标准。”

网络信息安全是一门涉及计算机科学、网络技术、通信技术、密码技术、信息安全技术、应用数学、数论、信息论等多种学科的综合性学科。它主要是指网络系统的硬件、软件及其系统中的数据受到保护，不受偶然的或者恶意的原因而遭到破坏、更改、泄露，系统连续可靠正常地运行，网络服务不中断。

1988年11月3日这一天被称为“黑色的星期四”，一个美国年轻人Robert Morris把一个“蠕虫”程序放到了网络上，导致了上千台网上计算机瘫痪。这个称为“Morris蠕虫”程序的出现改变了许多人对网络安全性的看法，引起人们对计算机网络安全问题的重视。而在该事件之前，人们的信息安全概念主要是数据加密，重点是保护存储在各种介质上和传输过程中的数据。20世纪90年代后，网络走向商业化，上网计算机每年以翻番的速度增加，网络“黑客”与“入侵者”的非法活动呈猖獗趋势。人们发现信息安全问题无法仅用数据加密技术完

全加以解决,还需要解决硬件系统、操作系统、网络、数据库系统和应用系统的整体安全问题。信息安全问题也就进入了网络信息安全阶段。网络信息安全阶段的主要特征是被动防御,采取各种措施(如防火墙、人侵检测等)来防范各种可能的入侵。21 世纪后,各国对信息安全的重要性与作用有了更高认识,美国首先提出了信息保障的概念,提出了防护、检测、反应与恢复(PDRR)模型,使信息安全进入主动防御阶段。

十、国务院银行业监督管理机构、工商登记注册地省级人民政府规定的其他义务

这一规定体现了双层监管的模式。网络借贷信息中介机构的义务不仅国务院银行业监督管理机构制定,工商登记注册地省级人民政府也可以规定其义务。

第十条 网络借贷信息中介机构不得从事或者接受委托从事下列活动:

(一)为自身或变相为自身融资;

(二)直接或间接接受、归集出借人的资金;

(三)直接或变相向出借人提供担保或者承诺保本保息;

(四)自行或委托、授权第三方在互联网、固定电话、移动电话等电子渠道以外的物理场所进行宣传或推介融资项目;

(五)发放贷款,但法律法规另有规定的除外;

(六)将融资项目的期限进行拆分;

(七)自行发售理财等金融产品募集资金,代销银行理财、券商资管、基金、保险或信托产品等金融产品;

(八)开展类资产证券化业务或实现以打包资产、证券化资产、信托资产、基金份额等形式的债权转让行为;

(九)除法律法规和网络借贷有关监管规定允许外,与其他机构投资、代理销售、经纪等业务进行任何形式的混合、捆绑、代理;

(十)虚构、夸大融资项目的真实性、收益前景,隐瞒融资项目的瑕疵及风险,以歧义性语言或其他欺骗性手段等进行虚假片面宣传或促销等,捏造、散布虚假信息或不完整信息损害他人商业信誉,误导出借人或借款人;

(十一)向借款用途为投资股票、场外配资、期货合约、结构化产品及其他

衍生品等高风险的融资提供信息中介服务；

（十二）从事股权众筹等业务；

（十三）法律法规、网络借贷有关监管规定禁止的其他活动。

［解读］

此条是对网络借贷信息中介机构禁止行为的条款，即负面清单式的立法，通过列举式的方式加兜底条款，这种立法方式易于操作。

禁止网络借贷信息中介机构的行为有两个方面：一是自身不能从事；二是不能接受委托。

一、禁止为自身或变相为自身融资

（一）禁止为自身融资

此规定是网络借贷信息中介机构不能为自身融资。自身融资就是网络借贷信息中介机构作为借款人通过自身的中介机构进行借款，此行为实质就是在吸收存款。根据《暂行办法》和《指导意见》网络借贷信息中介机构只能是信息中介，因此不能进行吸收资金。在我国现有的法律制度框架下只有商业银行才能吸收资金，但从事商业银行业务需要中国银行业监督管理委员会进行审批。

（二）禁止变相为自身融资

变相是指从形式上看行为关系不是为自身进行融资（吸收存款），但是实质是为自身融资（吸收存款）。这种方式就是通过结构设计规避直接为自身融资的形式，但实质上主要是为自身融资。在目前实践中网络借贷中的行为会被界定为变相为自身融资的行为有：一是网络借贷信息中介机构制造借款假标进行融资，并为自身所用；二是在网络借贷信息中介机构平台上的借款人是其关联机构。

二、禁止直接或间接接受、归集出借人的资金

（一）禁止直接接受、归集出借人的资金

直接接受、归集出借人的资金是指网络借贷信息中介机构以自己的名义直接接受、归集资金到平台控制的账户。

（二）间接接受、归集出借人的资金

间接接受、归集出借人的资金是指网络借贷信息中介机构不以直接接受、归

集资金的形式,而是以其他名目进行接受、归集资金到平台控制的账户。具体形式有以下几种情况:

第一种情况,网贷平台各方当事人依照平台规则,向平台账户缴纳各种保证金、风险互助金等。

该模式中,无论是担保公司缴纳的保证金,还是借款人缴纳的风险互助金等,这些资金的所有权人都不是网络借贷信息中介机构,而是缴纳资金主体。但是这些资金进入了网络借贷信息中介机构控制的账户里,同时缴纳资金主体失去了对自身缴纳资金的控制权。

第二种情况,网络借贷信息中介机构自身作为特别借款人(或网络借贷信息中介机构的职工),为了项目的顺利进行,先以自有资金出借给借款人,再将项目借款标的通过拆分等手段重新展示在网贷平台上,出借人将其出借资金直接汇入网络借贷信息中介机构账户(或网络借贷信息中介机构的职工的账户)。该模式中,网络借贷信息中介机构账户(或网络借贷信息中介机构的职工的账户)的控制权归网络借贷信息中介机构(或网络借贷信息中介机构的职工)。

第三种情况,网络借贷信息中介机构要求出借人在募集期将出借款项汇入自身的账户,募集成功后再由网络借贷信息中介机构统一汇入借款人账户;还款时同样由借款人将所还款项汇入网络借贷信息中介机构的账户,再由网络借贷信息中介机构按照借款额度分别汇入出借人账户。这种模式乍看起来,十分有助于网络借贷信息中介机构对借贷业务的管理,能够有效防止出借人在同意出资后又反悔,拒绝出资的违约行为,但是,事实上这种模式使网络借贷信息中介机构所有业务涉及的资金全部汇集在自身的账户中,形成大额资金池,加大网络借贷信息中介机构跑路的风险。

无论上述哪种模式,网络借贷信息中介机构均以他人资金形成自有资金池,可任意管理、使用,并可能与自有资金混同使用,涉嫌非法集资罪。

三、直接或变相向出借人提供担保或者承诺保本保息

(一)担保的概述

《担保法》第2条规定:"在借贷、买卖、货物运输、加工承揽等经济活动中,债权人需要以担保方式保障其债务人权实现的,可以依照本法规定设定担保。本法规定的担保方式为保证、抵押、质押、留置和定金。"

债权人在借贷、买卖等民事活动中，为保障其债权实现，需要担保的，可以选择保证、定金等担保方式外，还可以依照《物权法》、《担保法》等法律的规定设立担保物权。设定担保是为了保护债权人的利益。《物权法》第 170 条规定，担保物权人在债务人不履行到期债务或者发生当事人约定的实现担保物权的情形，依法享有就担保财产优先受偿的权利，但法律另有规定的除外。通过债务人之外的主体进行保证担保的形式扩大了债务人的资产。

（二）网络借贷中介机构直接向出借人提供担保

网络借贷中介机构直接向出借人提供担保会有以下法律问题：

1. 网络借贷中介机构从信息中介转为信用中介

根据《指导意见》和《暂行办法》的规定，网络借贷信息中介机构是指依法设立，专门从事网络借贷信息中介业务活动的金融信息中介公司。该类机构以互联网为主要渠道，为借款人与出借人（即贷款人）实现直接借贷提供信息搜集、信息公布、资信评估、信息交互、借贷撮合等服务。

如果网络借贷中介机构直接或变相向出借人提供担保就意味着网络借贷中介机构承担了出借人和借款人之间借贷关系中，债务人到期不偿还债务时，网络借贷中介机构代债务人履行偿还义务。这使网络借贷信息机构由只提供信息服务转变为偿债主体，即成为信用机构。

2. 网络借贷中介机构从事融资性担保机构的业务

根据《融资性担保机构管理办法》第 2 条规定："本办法所称融资性担保是指担保人与银行业金融机构等债权人约定，当被担保人不履行对债权人负有的融资性债务时，由担保人依法承担合同约定的担保责任的行为。本办法所称融资性担保公司是指依法设立，经营融资性担保业务的有限责任公司和股份有限公司。本办法所称监管部门是指省、自治区、直辖市人民政府确定的负责监督管理本辖区融资性担保公司的部门。"

第 18 条规定，融资性担保公司经监管部门批准，可以经营下列部分或全部融资性担保业务："（一）贷款担保。（二）票据承兑担保。（三）贸易融资担保。（四）项目融资担保。（五）信用证担保。（六）其他融资性担保业务。"

网络借贷信息机构不具有融资性担保机构的资质，因此不能从事为融资性行为进行担保。

3. 网络借贷信息中介机构变相放贷

如果网络借贷中介机构直接向出借人提供担保,就意味着出借人和借款人之间借贷关系中债务人到期不偿还债务时,网络借贷中介信息机构承担了代债务人进行还款的义务。这使网络借贷信息机构只提供信息服务转变为偿债主体,而且意味着其自身是放贷人。网络借贷信息机构不具有放贷资格,因此不能从事放贷业务。

(三)网络借贷中介机构变相向出借人提供担保

网络借贷信息中介机构变相向出借人提供担保如网络借贷信息中介机构投资成立一个全资子公司,然后此公司为网络借贷信息中介机构形成的直接借贷进行担保;还有一种可能是信息中介机构与担保公司之间存在关联关系。

无论是哪种形式都会有可能造成担保的名存实亡,风险仍集中在同一主体,从而造成网络借贷利用担保机构转移风险的效果大打折扣。存在关联关系的情况下,网络借贷信息中介机构一般不会对担保公司与借款人之间的反担保措施进行审查,甚至不要求提供反担保,在项目违约时内部加以消化,使担保徒有虚名。① 另外,关联关系下,担保公司与网络借贷信息中介机构一荣俱荣、一损俱损,因此,二者的合作产生道德风险的可能性极高,一旦网络借贷信息中介机构与担保公司合作自融即可能涉嫌非法集资犯罪。

在司法实践中,集资公司的关联公司提供担保,给集资参与人能保本付息的假象,构成非法集资的共犯,依法应承担刑事和民事赔偿责任。2014 年 3 月 25 日公布的《关于办理非法集资刑事案件适用法律若干问题的意见》中第 4 条明确规定,“为他人向社会公众非法吸收资金提供帮助,从中收取代理费、好处费、返点费、佣金、提成等费用,构成非法集资共同犯罪的,应当依法追究刑事责任。”在网络借贷业务中,担保公司与网络借贷信息中介机构形成合作关系,互相推送借款项目,担保公司收入来源为担保费。因此,如果网络借贷信息中介机构构成非法集资,则担保公司构成非法集资的共犯,应当负刑事责任。另外,如果网络借贷信息中介机构伪造借款项目,通过担保机构的担保而吸收出借人的资金,在这样的情况下网络借贷信息中介机构涉嫌非法集资犯罪,而担保公司作为专业性

---

① 柴柯楠:“融资性担保在 P2P 网络借贷中的运用”,载《海南金融》2014 年第 6 期。

机构,即使不知情也将构成共犯。另外,根据《融资性担保公司管理暂行办法》第21条的规定,融资性担保公司从事非法集资活动的,由有关部门依法予以查处。因此,在这样的情况下担保公司还面临被查处的风险。不过需要注意的是民间借贷涉嫌或构成非法吸收公众存款罪的,并不当然影响借贷合同及其担保合同的效力。因此即使涉及非法集资,担保公司依然要履行担保合同中规定的义务。

(四)直接或变相向出借人提供承诺保本保息

第一,网络借贷信息中介机构如直接或变相向出借人提供承诺保本保息。

信息中介转变为信用中介,这就违反了《指导意见》和《暂行办法》的规定。

第二,网络借贷信息中介机构如直接或变相向出借人提供承诺保本保息。

这是在从事银行业务。网络借贷信息中介机向出借人提供承诺保本保息,会导致其实质是在吸收存款和发放贷款。吸收存款和发放贷款的业务只能是商业银行从事的业务。

在目前的实践中网络借贷信息中介机构为了保障出借人的出借资金安全,通常会采取一些手段建立某种基金类账户,以便在遭遇还款风险时,能够通过该账户资金部分弥补,甚至覆盖借款人的违约风险。但是,这些手段根据《指导意见》和《暂行办法》几乎都存在法律风险点,网络借贷信息中介机构如果继续采取这些手段将面临从信息中介转为信用中介的法律风险。下面具体分析:

1. 风险互助基金的模式与法律分析

风险互助基金,本质上是网贷平台借款人之间的互助机制,借款人以其融资金额的一定比例向平台专项账户交纳风险互助金,债务得到清偿后网贷平台会将风险互助金返还借款人。在借款人违约、担保方未能及时代偿的时候,平台会启动风险互助金进行垫付,垫付使用的部分由交纳风险互助金的借款人按比例分摊,垫付完成后对违约借款人和保证人进行追偿,如果追偿不能,将由风险互助金承担这部分损失。

(1)法律关系分析

风险互助基金的基础法律关系是担保关系。其涉及的主体有借款人和网贷平台。具体来说双方权利义务如下:

①借款人

借款人需要对其他借款人的债务承担补充按份担保责任,有义务依照合同的约定及时缴纳风险互助基金；有权利要求平台严格依照合同约定进行资金的管理和使用，项目结束时有权要求平台返还已缴纳但未使用的风险互助基金，在已履行的担保责任得到担保公司偿还时要求返还已缴纳的对应比例金额的权利。借款人本身的债务发生违约风险的，如担保机构已代偿，则其所交风险互助金用于归还担保机构。

②网络借贷信息中介平台

信息中介平台有权利根据借款人的授权，指示第三方机构或监管银行进行风险互助基金的划拨；有义务严格依照合同约定进行资金的管理和使用，有义务在借款人的特定项目结束时返还借款人已缴纳但未使用的风险互助基金，有义务在已履行的担保责任得到担保公司偿还时返还借款人已缴纳的对应比例金额。借款人本身的债务发生违约风险的，如担保机构已代偿，则信息中介机构有权用该借款人所交风险互助金归还担保机构。

(2)风险及问题解决

①风险互助基金的提取与真实借款额

根据合同授权，风险互助基金是在借款人筹集到款项的同时，平台即可委托第三方从其借款人账户划转相应比例，并且整个项目存续过程中这部分资金始终以风险互助基金的形式存续。借款人整个项目自始至终无法动用这部分资金，可能产生真实借款额的争议。而根据我国《合同法》的相关规定，借款的利息预先在本金中扣除的，不作为实际借款额。以此为指导思路，风险互助基金的提取同样可能会影响真实借款额的计算。

解决建议：明确规定风险互助基金是在借款到达借款人账户后，由借款人向指定第三方机构提交形成，而不能由第三方机构直接扣划。

②利息归属

该模式中，风险互助基金应托管于银行，当然会取得同期存款利息。依据我国《物权法》的相关规定，利息作为法定孳息，可按约定取得；无约定的，可按交易习惯取得。风险互助基金，其所有权人为网贷平台借款人，利息可按出资比例归属借款人。网贷平台作为管理人，也可享有利息。因此，利息的具体归属取决于双方合同约定。

2. 风险准备金的模式与法律分析

风险准备金的概念来源于证券领域，是指由证券交易所设立，用于为维护期货市场正常运转提供财务担保和弥补因交易所不可预见风险带来的亏损的资金。网络借贷平台借鉴此概念，使用其自有资金出资设立形成的“风险准备金”，该资金用来为自身平台的借款项目提供还款担保，或是项目逾期后进行债权让与或债务受让。

(1)模式分析

网络借贷平台出于吸引投资人、降低声誉风险等目的，使用自有资金，设立风险准备金。有的平台将该风险准备金单独存放于银行的另外一个账户，有的平台则仅对外声称其提供一定金额的风险准备金。当平台上的借款项目出现借款人到期无力清偿债务等违约情形，担保方也无力承担代偿义务，或是在无担保模式下的借款项目逾期还款时，网络借贷平台即使用该风险准备金向平台投资人代为偿还债务，后向债务人、担保人行使追索权。

一般来说，网络借贷平台会为该风险准备金设定一个额度，如人民币 2000 万元存放在银行账户中，产生的孳息或归入风险准备金账户，或提取归入网络借贷平台自有账户。发生违约的，网络借贷平台使用该笔风险准备金予以代偿，且部分网贷平台承诺，风险准备金一旦使用，即立刻补足至某额度。

(2)法律关系分析

对于风险准备金的定性，网络借贷领域有三种观点：

第一，担保。该观点认为，网络借贷平台使用自有资金代为偿还债务，实质上是作为担保方的一种担保行为，代偿后，有权利向原担保人及原债务人行使追索权。

第二，债权让与。该观点认为，网络借贷平台使用自有资金代为偿还债务，是基于其与平台投资人通过协商形成的债权转让的法律关系。平台投资人享有尚未实现的债权，网络借贷平台作为借贷关系之外的第三方，自愿使用自有资金受让平台投资人的债权，是为债权转让。

第三，债务承担。该观点认为，网络借贷平台使用自有资金代为偿还债务，是基于其承担债务人未清偿债务的自愿性。借款人到期未能依约清偿债务，网络借贷平台作为借贷关系之外的第三方，自愿使用自有资金承担该笔债务，向平台投资人偿还，是为债务承担。

(3)法律风险

事实上，无论是债权让与、债务承担，还是担保，其本质是相同的，均应该归结为网络借贷平台使用自有资金，代为偿还借款人债务，后向借款人、担保人追偿。这就构成了网络借贷信息中介机构从信息中介转变为信用中介，在变相承担担保职能。

四、自行或委托、授权第三方在互联网、固定电话、移动电话等电子渠道以外的物理场所进行宣传或推介融资项目

这一条给了信息中介机构可以通过互联网及电子信息技术进行宣传推介融资项目的权利，充分发挥了互联网和信息技术在从事金融业务中的作用。

而如果网络借贷信息中介机构自行或委托、授权第三方在物理场所进行宣传或推介，第一，失去了互联网的特性，无法发挥互联网的技术优势；第二，无法区别传统的民间借贷；第三，在物理场所进行宣传或推介吸收存款会导致网络借贷信息中介机构扮演的角色由信息中介演化为信用中介，其法律特征与职能在向银行靠拢。

五、发放贷款，但法律法规另有规定的除外

在我国现有的法律框架下发放贷款的机构都是要经过相关管理部门的审批获得相应的资质才能从事发放贷款行为。网络借贷信息中介机构没有发放贷款的资质因此不能发放贷款。

六、将融资项目的期限进行拆分

网络借贷信息中介机构不能把融资项目的期限进行拆分。期限拆分就是把一个借款项目期限拆成若干段期限，即把长期拆成若干短期限。第一，期限拆分会导致流动性的风险，一旦发生流动性风险对出借人债权的实现就面临风险；第二，会导致庞氏骗局，就最终将导致资金链断裂；第三，会导致形成资金池，变相吸收存款。这一禁止行为将是平台在12个月整顿期内要消化的问题。

七、自行发售理财等金融产品募集资金，代销银行理财、券商资管、基金、保险或信托产品等金融产品

平台从事自行发售理财等金融产品募集资金，代销银行理财、券商资管、基金、保险或信托产品等金融产品的行为，将会导致以下法律问题：

(一)加大投资者的风险

发售理财等金融产品募集资金,代销银行理财、券商资管、基金、保险或信托产品等金融产品的资质是需要相关管理部门审批的,而且要受到监督管理部门监管。网络借贷信息中介机构既没有相应的资质,又不受监督管理部门的监管,这就会导致监管部门对发售理财等金融产品募集资金,代销银行理财、券商资管、基金、保险或信托产品等金融产品的资质失去监管。发售理财等金融产品募集资金,代销银行理财、券商资管、基金、保险或信托产品等金融产品的部门失控,最终导致投资者的风险加大。

(二)误导投资者

这主要是防止网络借贷信息中介机构对投资者误导和降低投资者对金融产品认知的风险。网络借贷信息中介机构自行发售理财等金融产品募集资金,代销银行理财、券商资管、基金、保险或信托产品等金融产品,会使投资者对发放主体认知不清,很可能导致对投资者的误导。

这一规定不仅对网络借贷信息平台的经营有影响,也对传统的金融机构的经营有影响;是对整个金融行业的从监管层面对消费者权益进行的保护,以免消费者对金融产品的发放机构不清楚而发生平台对消费者的误导。这也是对目前银行在出售理财产品所发生的一系列风险事件的经验总结。

八、开展类资产证券化业务或实现以打包资产、证券化资产、信托资产、基金份额等形式的债权转让行为

(一)资产证券化相关问题

“资产证券化”,其实质是融资者将被证券化资产的未来现金流收益权转让给投资者。严格地说,“证券化”的不是资产本身,而是资产未来所产生的现金流。

资产证券化或打包资产是将缺乏流动性但能在未来产生可预见的稳定现金流的资产或资产集合出售给网络借贷信息中介平台上的出借人。资产证券化业务或实现以打包资产由其通过一定的结构安排,分离和重组资产的收益和风险并增级资产的信用,转化成由资产产生的现金流,担保的资产风险隐蔽、结构复杂、专业性强、法律关系复杂,因此出借人很难识别其风险,这样给网络借贷信息中介机构的出借人带来的风险大。由于资产证券化这种模式的风险大,因此我国目前资产证券化一定要通过监管部门批准,交易所也要通过监管部门的批准。

（二）债权转让相关问题

根据《指导意见》和《暂行办法》规定，网络借贷是指个体和个体之间通过互联网平台实现的直接借贷，因此形成的是借贷法律关系。但是开展类资产证券化业务或实现以打包资产的转让形成的不是借贷法律关系，而是债权转让关系。

开展证券化资产、信托资产、基金份额等形式的债权转让行为。网络借贷中所说的债权转让，一般有两层含义。一是网贷平台作为特别借款人，以自有资金出借给借款人，取得债权，然后将该借款项目进行设计、拆分，从平台投资人处回笼资金的债权转让过程；二是产生于网贷平台投资人之间，拥有债权的投资人基于资金流动性等因素的考虑，自愿将其债权转让给平台其他投资人的过程。

1. 平台作为特别借款人的问题

网贷平台作为特别借款人的模式中，主要是由网贷平台中的某员工使用网贷平台自有资金进行出借资金——转让债权回笼资金——出借资金的循环。从债权的角度来说，是网贷平台通过出借资金，产生债权，再行将债权转让给网贷平台上的投资人。

该模式的法律问题主要有：

首先，在该模式下，为了业务方便，网贷平台会另外设立一个有限合伙企业作为关联方进行合作。而为了规避企业同业拆借的问题，事实上与借款人签订借款合同的是有限合伙的负责人或是部门员工，然后该负责人或员工再以委托有限合伙代为转让债权的名义，由有限合伙和投资人签订债权转让合同，这就产生了以合法形式掩盖非法目的的法律风险。

其次，从财务角度来说，现金流的走向同样很重要。如果初始资金是与企业签订合同的自然人的自有资金，则在借款端，自然人将款项打入原始资金需求方账上，形成债权债务关系，委托有限合伙在网贷平台上转让该笔借款从而回笼资金，也就是在投资端，与投资人签订《借款合同》的是有限合伙，因此投资人的款项是直接转移到该有限合伙的账上，再由该有限合伙将款项还给委托人，即自然人。在这种模式下，自然人的资金风险是极大的。如果有限合伙的资金流出现了问题，或是有限合伙的股东出现道德风险，那么自然人的利益将会遭受极大的损害。反之，如果初始资金是有限合伙的资金，由有限合伙提供资金，转到与企业签订合同的自然人账上，再由自然人将该资金提供给原始资金需求方；而在另外一端，因为与投资人签订《借款合同》的是有限合伙，因此投资人的款项是直接转移到该有限合伙的账上，从而形成一个闭环。在这种模式下，有限合伙的风险又是极大的。作为自然人来说，当一笔巨大的资金归入自己的账目中，是极其容易发生道德风险的，尤其是如果有限合伙或者网贷平台先出现了业务风险，那么自然人为了保全自己，极有可能会携带这份资金潜逃。

最后，由自然人作为实际债权人委托有限合伙企业作为受托人代替其在平台上与投资人签订债权转让协议的行为，虽然在民法意义上符合《合同法》第403条有关隐名代理的规定，即受托人可以不披露委托人的信息，而以自己的名义与第三人签订合同，合同生效，但第三方在签订合同时如果知道实际委托人则不会订立合同的除外。但因为行为涉及向社会公众募集资金，故存在其特殊性。虽然目前其他法律并未做出禁止性规定，但仍存在风险，即从投资人的角度来看，与其签订债权转让协议的出让方（合伙企业）实际上并不具有债权，因此可以认定为网贷平台对投资者未尽到真实信息披露义务。而这不符合互联网金融监管机构的监管意见，也是不符合金融消费者的保护原则的。

2. 投资人之间债权转让问题

网贷平台投资人之间进行债权转让，其本质上不是《合同法》意义上的债权转让。债权转让是合同的债权人的变更，合同内容不变。但网贷平台出借人之间进行债权转让不仅合同的出借主体发生了变化，合同的借款期限也发生了变化，即合同的内容发生了变化，因此不是《合同法》意义上的债权转让。

九、除法律法规和网络借贷有关监管规定允许外，与其他机构投资、代理销售、经纪等业务进行任何形式的混合、捆绑、代理

根据《指导意见》和《暂行办法》的规定，网络借贷是指个体和个体之间通过互联网平台实现的直接借贷，因此形成的是借贷法律关系。但是网络借贷信息中介机构与其他机构投资、代理销售、经纪等业务进行任何形式的混合、捆绑、代理，形成的就不是直接借贷法律关系，可能是其他的法律关系。另外，网络借贷信息中介机构与其他机构投资、代理销售、经纪等业务进行任何形式的混合、捆绑、代理资产风险会更隐蔽、结构更复杂、专业性更强、法律关系更复杂，因此会造成出借人很难识别其风险，这样给网络借贷信息中介机构的出借人带来更大的风险。

十、虚构、夸大融资项目的真实性、收益前景，隐瞒融资项目的瑕疵及风险，以歧义性语言或其他欺骗性手段等进行虚假片面宣传或促销等，捏造、散布虚假信息或不完整信息损害他人商业信誉，误导出借人或借款人

(一)虚构、夸大融资项目的真实性、收益前景，误导出借人或借款人

如果是通过虚构误导出借人或借款人就有可能要承担诈骗、合同诈骗或非法集资；

如果是通过夸大融资项目的真实性、收益前景，误导出借人或借款人，那就可能要承担欺诈的法律责任。

(二)隐瞒融资项目的瑕疵及风险，误导出借人或借款人

这违反了风险提示，也是虚假陈述的一种。

(三)以歧义性语言或其他欺骗性手段等进行虚假片面宣传或促销等，误导出借人或借款人

这是以误导陈述与虚假陈述进行误导出借人或借款人。误导陈述是指披露信息中某些事项的记载虽然是真实的，但由于表达方式存在缺陷而容易产生误解，致使投资者无法获得清晰、正确的认识。

歧义性语言是误导性陈述的一种方式，这种陈述使公众有不同理解。

其他欺骗性手段是指非语言类的方式对出借人或借款人进行误导。

(四)捏造、散布虚假信息或不完整信息损害他人商业信誉，误导出借人或借款人

通过虚假和欺骗的手段对他人的商誉进行毁损进行误导出借人或借款人。这是一种不正当的竞争行为。

根据《反不正当竞争法》第 14 条规定："经营者不得捏造、散布虚伪事实，损害竞争对手的商业信誉、商品声誉。"

十一、向借款用途为投资股票、场外配资、期货合约、结构化产品及其他衍生品等高风险的融资提供信息中介服务

这里赋予了网贷借贷信息中介机构对融资者的融资用于股票投资、场外配资、期货合约、结构化产品及其他衍生品等高风险领域进行审查和禁止借款的义务。这一规定是对借款人的资金用途的限制，限制借款人从网络借贷信息中介机构借款用于股票投资、场外配资、期货合约、结构化产品及其他衍生品等高风

险领域,这是出于对出借人的出借资金安全的考虑,借款人的资金用途关系到出借人资金的安全,即借款人的偿债能力的保证。借款人的借款用于风险越大的领域,出借人出借资金的风险就越大,因此为了出借人的出借资金的安全,对出借人的权益的保护就要限制借款人的借款资金的用途,限制其把借款资金用于风险高的领域。

十二、从事股权众筹等业务

禁止网络借贷信息中介机构从事股权众筹等业务体现了分业经营,与现有的金融监管体制与金融监管制度及《指导意见》接轨。《指导意见》规定:“股权众筹融资必须通过股权众筹融资中介机构平台(互联网网站或其他类似的电子媒介)进行。股权众筹融资中介机构可以在符合法律法规规定前提下,对业务模式进行创新探索,发挥股权众筹融资作为多层次资本市场有机组成部分的作用,更好地服务创新创业企业。股权众筹融资方应为小微企业,应通过股权众筹融资中介机构向投资人如实披露企业的商业模式、经营管理、财务、资金使用等关键信息,不得误导或欺诈投资者。投资者应当充分了解股权众筹融资活动风险,具备相应风险承受能力,进行小额投资。股权众筹融资业务由证监会负责监管。”因此,网络借贷信息中介机构不能从事股权众筹行为。

[股权众筹知识扩展]

(一)股权众筹概述

股权众筹作为互联网股权融资模式之一种,该模式是《指导意见》中规定的一种通过互联网技术进行股权融资的模式。《指导意见》指出:“股权众筹融资主要是指通过互联网形式进行公开小额股权融资的活动。股权众筹融资必须通过股权众筹融资中介机构平台(互联网网站或其他类似的电子媒介)进行。……股权众筹融资业务由证监会负责监管。”

《指导意见》对其法律性质界定为“公开小额股权融资”活动。“公开、小额、大众”的特征,涉及社会公众利益和国家金融安全,必须依法监管。在证券业协会发布的《关于对通过互联网开展股权融资活动的机构进行专项检查的通知》中指出:“未经国务院证券监督管理机构批准,任何单位和个人不得开展股权众筹融资活动。”作为众筹之一种,股权众筹区分于其他三类众筹的特征在于投资者投资后回报的特殊性——融资者公司的股权。股权众筹中,投资者通过互联网平台,一般称为股权众筹平台(或平台),将资金投入初创公司并取得该公司的股权,并最终分享投资公司的未来盈利。因此,通过对这一行为加以严格的合规性限制,即可给出股权众筹的定义,即股权众筹是指小额项目发起人通过网络平台宣传、介绍自己的项目,合格投资者通过网络平台对自己感兴趣的项目进行股权投资的新型投资模式。①

我国《指导意见》中对股权众筹的定义是"股权众筹融资主要是指通过互联网形式进行公开小额股权融资的活动。股权众筹融资必须通过股权众筹融资中介机构平台(互联网网站或其他类似的电子媒介)进行"。《关于对通过互联网开展股权融资活动的机构进行专项检查的通知》对于股权众筹的界定则表述为:"股权众筹融资主要是指通过互联网形式进行公开小额股权融资的活动,具体而言,是指创新创业者或小微企业通过股权众筹融资中介机构互联网平台公开募集股本的活动。"

在目前实践中,股权众筹涉及三方主体,即融资者、股权众筹平台以及投资者。其中融资者是具备融资需求的初创企业、小微企业以及发起人,投资者往往是拥有闲散资金的个人或组织,由于该类投资者一般均为小额投资,所以也被形象地称为"草根投资者"。而股权众筹平台则是连接融资企业与投资者,并为双方的投融资行为提供特定服务的互联网平台,后文有关股权众筹法律关系部分还会对三方主体进行较为详细的分析,在此不再赘述。

(二)股权众筹的特征

作为一种新型的融资模式,相较于传统融资形式而言,股权众筹拥有其特殊属性,具体而言,其特征主要表现为以下几个方面。

1. 依托于互联网技术

股权众筹相较于传统融资模式最为重要的特征便是对互联网技术的严重依托。在股权众筹中,融资者与投资者双方之间的投融资行为本身即通过股权众筹平台来完成的,股权众筹平台作为互联网媒介,承担着连接投资者、融资双方

---

① 孙永祥、何梦薇等:"我国股权众筹发展的思考与建议——从中美比较的角度",载《浙江社会科学》2014 年第 8 期。

的重要作用。对于融资者而言,他需要通过平台发布融资项目信息,以获取投资者的关注,而对于投资者而言,他同样需要通过平台了解优质的投资项目,以完成投资行为。而这些,无一不依托于互联网技术对信息进行公布。作为互联网技术成果的股权众筹平台在股权众筹投融资行为中的重要作用是不言而喻的。目前,各国立法虽然对股权众筹平台性质的界定上存在差异,但对于股权众筹融资活动必须通过股权众筹平台进行,各国立法均已作出了明确的规定。如我国《指导意见》就明确要求“股权众筹融资必须通过股权众筹融资中介机构平台(互联网网站或其他类似的电子媒介)进行。”

2. 融资规模较小

受制于融资主体的特殊性,即融资主体一般为初创企业或小微企业,这类企业小规模的运营模式决定了其对资金的需求量相对较小,也就决定了股权众筹融资规模的受限。在我国,大型企业可以通过主板、创业板、新三板市场融资,亦可以向银行申请贷款筹措资金,还可以向小贷公司贷款融资,融资途径可谓多样。然而,这些融资途径却并向小微、初创企业开放。应该说,在我国,大规模的融资需求已经存在足够完善的融资制度支持,正是这些初创企业以及小微企业的小规模融资需求催生了股权众筹这一融资模式的产生和发展。

从制度发展初衷来看,股权众筹的定位是服务于小微或初创企业,国外通过立法对股权众筹的融资额有一定的限制,如美国作为股权众筹发展规模最大的国家,其 2012 年正式通过的 JOBS 法案规定了股权众筹 12 个月内融资额累计不超过 100 万美元。意大利作为世界上第一个股权众筹监督规则生效的国家,其对融资额的上限规定是每年 500 万欧元。在我国目前还没有具体的对融资额进行相关的规定。但根据《指导意见》对股权众筹融资“公开、小额”的规定,可以看出,我国股权众筹同样具有融资规模较小的特征。

3. 投资者众多

众筹也被称为草根金融,其特点之一就是大众参与度高,参与门槛较低。股权众筹作为众筹之一种,同样具备上述特征,一般而言,其投资者来源分散、广阔,且投资者多为拥有少量闲散资金的个人。因此,股权众筹投资者多为草根民众,而非机构投资者或专业投资者,当然,成熟的投资者在股权众筹领域中亦存在，与普通大众只是多寡的不同。① 投资者的草根性决定了股权众筹项目融资的完成需要依赖于众多投资者的集合投资，而投资者众多也是由股权众筹的“公开”特征所决定的。

4. 投资风险大

股权众筹的风险主要来源于两个方面，一方面，不同于奖励众筹等其他众筹模式回报的确定性，股权众筹的回报和企业未来的发展息息相关，而企业未来发展往往是极具不确定性的，尤其作为股权众筹融资者的小微、初创企业，其处于企业发展初期，抵抗市场风险和行业风险的能力都相对较弱，故投资者的投资回报更具不确定性，风险损失较大；另一方面，股权众筹在我国仍属于初期发展阶段，各方面的制度并不完善，也就导致了股权众筹运作中存在如信息披露不完全、欺诈投资者以及平台虚假项目实现自融等问题，而上述问题最终的结果便是投资者投资风险的无限扩大。

（三）股权众筹法律关系

作为法学的基本概念，法律关系是进行法律思考和分析的重要工具，其属于社会关系的范畴，表现为人与人之间的关系。但是，法律关系不同于一般的社会关系，它是以法律规范为基础形成的、以法律权利与法律义务为内容的法律主体之间的社会关系。② 因此，要明确股权众筹的法律关系，首先要确定股权众筹法律关系的主体。

一般而言，股权众筹法律关系主要涉及三方主体，即融资者、股权众筹平台以及投资者。

1. 融资者

如上文所述，股权众筹融资者是存在资金需求，但缺乏融资渠道的初创、小微企业以及发起人。根据《私募股权众筹融资管理办法》的规定，股权众筹融资者应当为中小微企业或其发起人，同时应当为股权众筹平台核实的实名注册用户。融资者通过股权众筹平台进行项目融资必须履行特定的职责并不得从事法律禁止的事项，如融资者必须通过股权众筹品台发布项目真实、准确的融资信

---

① 朱玲：“股权众筹在中国的合法化研究”，载《吉林金融研究》2014 年第 6 期。

② 张文显著：《法理学》，高等教育出版社 2011 年版，第 111 页。

息,向投资者如实报告相关重大信息,且不得欺诈发行或向投资者承诺投资本金不受损失或者承诺最低收益等。《指导意见》对于股权众筹融资者的规定则要求“股权众筹融资方应为小微企业”,同时强调了融资者的信息披露义务,要求融资者“应通过股权众筹融资中介机构向投资人如实披露企业的商业模式、经营管理、财务、资金使用等关键信息,不得误导或欺诈投资者”。可见,《私募股权众筹融资管理办法》和《指导意见》虽然表述有所差异,但实质上都侧重了对融资者性质以及信息披露义务的规定。

2. 股权众筹平台

就法律关系主体角度而言,股权众筹平台是指股权众筹网络平台的搭建者和运营方。在股权众筹产生之初,股权众筹平台对自身的定位是作为桥梁连接有融资需求的微创企业以及有投资需求的投资者,为二者最终的投融资行为提供中介平台。因此股权众筹平台的职责主要是为融资者和投资者提供技术平台,发布融资者项目融资的相关信息,为投融资者之间的投融资行为提供机会。然而,随着股权众筹的发展,股权众筹平台的职责早已不是信息提供如此简单。相反,为了保证项目的优质性以提高平台自身的信誉,最终吸引投资者,平台需要对融资者的融资项目进行审核,并最终决定是否上线;融资过程中,为了投融资双发最终协议的签订,股权众筹平台还需要为双方提供如法律咨询、法律文档等服务;项目融资成功后,股权众筹平台还需要为保护投资者利益对融资者项目实施以及公司治理等情况进行后续监督。不仅如此,有些股权众筹平台更是不甘心仅收取服务费,进而开始对自身平台上的优质融资项目进行投资,以获取股权。由此可见,股权众筹平台角色定位的复杂性。

根据我国《私募股权众筹融资管理办法》第 5 条的规定,股权众筹平台是指通过互联网平台(互联网网站或其他类似电子媒介)为股权众筹投融资双方提供信息发布、需求对接、协助资金划转等相关服务的中介机构。同时,该法还对股权众筹平台的准入、职责以及禁止从事的行为进行了明确严格的规定,足见股权众筹平台在股权众筹法律关系中的重要地位。同时,《指导意见》明确规定“股权众筹融资必须通过股权众筹融资中介机构平台(互联网网站或其他类似的电子媒介)进行。股权众筹融资中介机构可以在符合法律法规规定前提下,对业务模式进行创新探索,发挥股权众筹融资作为多层次资本市场有机组成部分的作用,更好地服务创新创业企业”。

3. 投资者

投资者是指具有投资需求的一方，即向企业投入资金获得股权，并最终享受企业未来利润的一方。一般而言，投资者必须是通过股权众筹平台实名认证的注册用户。由于股权众筹的高风险性以及投资者的草根性，即对投资风险不具备专业的认知和承受能力，各国立法均对股权众筹投资者的资格进行了限制，即只有“合格投资者”才能进行相应的投资行为。在我国，笔者认为，就我国目前的发展现状而言，法律对合格投资者的准入门槛过无疑是规定高的，似有违背股权众筹初始的“草根投资”之目的。这也是《私募股权众筹融资管理办法》作为征求意见稿，备受争议的地方，当然，上述合格投资者条件的规定仍处于征求意见阶段，最终是否生效以及是否会根据征求的意见进行修改，仍处于不确定阶段，因此，对于上述标准，应该说可以从参考意义角度来对待。从《指导意见》对合格投资者的标准来看，“投资者应当充分了解股权众筹融资活动风险，具备相应风险承受能力，进行小额投资”。其对合格投资者的标准仅从“风险认知”和“风险承受能力”两个角度进行了概括性规定，最终的具体标准仍有待于后续法规的完善补充。

十三、法律法规、网络借贷有关监管规定禁止的其他活动

这是弹性条款，而且充分体现了网贷应在现有的法律框架下进行。

第十一条　参与网络借贷的出借人与借款人应当为网络借贷信息中介机构核实的实名注册用户。

[解读]

参与网络借贷的出借人与借款人应当为网络借贷信息中介机构核实的实名注册用户。

与银行开户规定相同，无论是借款入和出借人都要实名开户，这有利于反洗钱和出借与借款额度的监管。

第十二条　借款人应当履行下列义务：

（一）提供真实、准确、完整的用户信息及融资信息；

（二）提供在所有网络借贷信息中介机构未偿还借款信息；

（三）保证融资项目真实、合法，并按照约定用途使用借贷资金，不得用于

出借等其他目的；

（四）按照约定向出借人如实报告影响或可能影响出借人权益的重大信息；

（五）确保自身具有与借款金额相匹配的还款能力并按照合同约定还款；

（六）借贷合同及有关协议约定的其他义务。

[解读]

本条是对借款人的义务规定。在通过网络借贷信息中介机构进行借款的法律关系中借款人是债务人，出借人的出借资金的本金与利息是否得到保障，取决于借款人的信用与提供的影响出借人判断是否出借资金的信息的真实性。因此本条对借款人规定了能够影响出借人判断是否出借资金、出借的期限、出借的额度、出借的利率作了义务性的规定，以此来保证出借人的权益。

网络借贷中的出借人面临借款人的信用风险和道德风险。本条款的规定就是防范借款人的信用风险和道德风险。

一、信用风险

信用风险又称违约风险，是指借款人、证券发行人或交易对方因种种原因，不愿或无力履行合同条件而构成违约，致使出借人或交易对方遭受损失的可能性。

信用风险是借款人因各种原因未能及时、足额偿还债务而违约的可能性。信用风险是由两方面的原因造成的。一是经济运行的周期性。在处于经济扩张期时，信用风险降低，因为较强的营利能力使总体违约率降低。在处于经济紧缩期时，信用风险增加，因为营利情况总体恶化，借款人因各种原因不能及时足额还款的可能性增加。二是对于公司经营有影响的特殊事件的发生。这种特殊事件发生与经济运行周期无关，并且与公司经营有重要的影响。

因此，影响信用风险的主要因素有：违约风险，债务人由于种种原因不能按期还本付息，不履行债务契约的风险。如授信企业，可能因经营管理不善而亏损，也可能因市场变化出现产品滞销、资金周转不灵导致到期不能偿还债务。一般来说，借款人经营中风险越大，信用风险就越大，风险的高低与收益或损失的高低呈正相关关系。市场风险，资金价格的市场波动造成证券价格下跌的风险，如市场利率上涨导致债券价格下跌，债券投资者就会受损。期限越长的证券，对利率波动就越敏感,市场风险也就越大。收入风险,人们运用长期资金作多次短期投资时实际收入低于预期收入的风险。购买力风险,指未预期的高通货膨胀率所带来的风险。当实际通货膨胀率高于人们预期水平时,无论是获得利息还是收回本金时所具有的购买力都会低于最初投资时预期的购买力。

二、道德风险

道德风险(Moral Hazard),也称道德危机。道德风险是指参与合同的一方所面临的对方可能改变行为而损害本方利益的风险。

比如,当某人获得某保险公司的保险,由于此时某人行为的成本由那个保险公司部分或全部承担。此时保险公司面临道德风险。如果此人违约造成了损失,他自己并不承担全部责任,而保险公司往往需要承担大部分后果。此时某人缺少不违约的激励,所以只能靠他的道德自律。他随时可以改变行为造成保险公司的损失,而保险公司要承担损失的风险。

道德风险并不等同于道德败坏。道德风险是20世纪80年代西方经济学家提出的一个经济哲学范畴的概念,即"从事经济活动的人在最大限度地增进自身效用的同时做出不利于他人的行动"。或者说是当签约一方不完全承担风险后果时所采取的自身效用最大化的自私行为。道德风险亦称道德危机。

在经济活动中,道德风险问题相当普遍。获2001年度诺贝尔经济学奖的斯蒂格里茨在研究保险市场时,发现了一个经典的例子:美国一所大学学生自行车被盗比率约为10%,有几个有经营头脑的学生发起了一个对自行车的保险,保费为保险标的15%。按常理,这几个有经营头脑的学生应获得5%左右的利润。但该保险运作一段时间后,这几个学生发现自行车被盗比率迅速提高到15%以上。何以如此?这是因为自行车投保后学生们对自行车安全防范措施明显减少。在这个例子中,投保的学生由于不完全承担自行车被盗的风险后果,因而采取了对自行车安全防范的不作为行为。而这种不作为的行为,就是道德风险。可以说,只要市场经济存在,道德风险就不可避免。

《暂行办法》中规定的出借人义务主要有以下几项:

(一)提供真实、准确、完整的用户信息及融资信息

1. 披露主体

借款信息的披露主体是借款人。

2. 披露程度

借款人披露的程度是真实、准确、完整，这也是信息披露的三大原则。真实性原则是指披露信息应以客观事实或在事实基础上的分析判断为基础，以没有扭曲和不加粉饰的方式，再现和反映真实状态。对发布的信息不存在虚假陈述、不合理评价、夸张性描述或恭维性的评价。准确性原则是指披露信息时必须用精确不含糊的语言表达其含义，在内容与表达方式上不得使人误解。[①] 同真实性原则对信息披露内容的强调不同，准确性原则主要侧重于披露信息的表达方式。因为信息披露的实质就是信息传递，而任何信息的传递都需要载体，证券市场信息披露的载体就是语言文字，而语言具有多义性、表达具有多样性。因此必须对信息披露义务披露信息时科以准确性的要求。完整性原则，也称充分性原则或全面性原则，是指证券市场信息披露义务主体在披露信息时必须将所有可能影响投资者决策的信息进行披露；在披露某一具体信息时，必须对该信息的所有方面进行周密、全面、充分的揭示；不仅要披露对所发证券价格有利的信息，更要披露对所发证券价格不利的各种潜在或现实风险因素，不能有所遗漏。[②]

3. 借款信息披露内容

披露的内容是借款人（用户）的个人信息；借款人的融资信息。

（二）提供在所有网络借贷信息中介机构未偿还借款信息

这一规定是要求借款人提供在“网络借贷信息中介机构”的未偿还借款信息。此规定决定了借款人的偿债能力与《暂行办法》规定的通过网络借贷信息中介机构借款的总额度，这一信息是出借人判断是否出借的重要信息。

（三）保证融资项目真实、合法，并按照约定用途使用借贷资金，不得用于出借等其他目的

1. 保证融资项目真实、合法

第一，融资项目的真实性不仅决定出借人的权益，还决定着是否借款人的融资项目利用假标进行欺诈，以至于非法集资；第二，融资项目的合法性是借款人资金的用途的合法性，这是与传统金融机构的监管，国家的产业政策、法律法规

---

① 齐斌著：《证券市场信息披露法律监督》，法律出版社2000年版，第116页。

② 同上书，第113页。

一致的。防范在法律制度与监管制度出现资金违法应用的套利空间与空白。

2. 按照约定用途使用借贷资金,不得用于出借等其他目的

资金的用途关系到资金运用的风险大小,关系到出借人出借资金的风险大小。因此出借人在出借资金时,借款人的借款资金的用途是出借人判断是否出借资金的重要信息。所以借款人应该按照约定用途使用借贷资金,这一规定与《商业银行法》对贷款资金的用途规定是一致的。另外,借款人不能把借款资金再转借,转借资金的风险高,以此要限制借款人的借款用于转借。

(四)按照约定向出借人如实报告影响或可能影响出借人权益的重大信息

此条是关于出借人持续信息的报告义务的规定,这是对出借人权益保护的一种措施。通过此种方法实现出借人对借款人的偿债能力的跟踪。此项主要规定了以下几个方面的内容:

1. 报告义务主体是出借人。

2. 报告的程度是如实报告。

3. 报告的内容是报告影响或可能影响出借人权益的重大信息。

(五)确保自身具有与借款金额相匹配的还款能力并按照合同约定还款

这项是对偿债能力的规定。

借款人的偿债能力是保证债权人的债权如期实现的重要保障,因此要使借款人在自身偿债能力范围内进行借款。而且由于出借人与借款人存在信息的不对称,将对借款人的偿债承受能力进行判断的义务赋予偿债人自身是成本最低的。

确保自身的还款能力同时也是契约精神的体现。契约精神本体上存在四个重要内容:契约自由精神、契约平等精神、契约信守精神、契约救济精神。契约自由精神是契约精神的核心内容。西方人权理念中就一直存在经济自由中的契约自由精神。

契约自由精神包含三个方面的内容,选择缔约者的自由、决定缔约的内容与方式的自由。契约自由主要表现在私法领域。

契约平等精神是指缔结契约的主体的地位是平等的,缔约双方平等的享有权利履行义务,互为对待给付,无人有超出契约的特权。为了达到契约的平等精

神，违背契约者要受到制裁，受损害方将得到利于自己的救济。正因为契约完美地体现了平等精神，才会被近代资产阶级革命者作为理论武器而创造了社会契约理论，通过每个人让渡一部分权力交给国家代为使用，双方达成合意，建立社会契约，各自履行各自的权利与义务，以达到社会的和谐。

契约信守精神是契约精神的核心精神，也是契约从习惯上升为精神的伦理基础，诚实信用作为民法的“帝王条款”和“君临全法域之基本原则”，在契约未上升为契约精神之前，人们订立契约源自彼此的不信任，契约的订立采取的是强制主义，当契约上升为契约精神以后，人们订立契约源于彼此的信任，当契约信守精神在社会中成为一种约定俗成的主流时，契约的价值才真正得到实现。在缔约者内心之中存在契约守信精神，缔约双方基于守信，在订约时不欺诈、不隐瞒真实情况、不恶意缔约、履行契约时完全履行，同时尽必要的善良管理人、照顾、保管等附随义务。

契约救济精神是一种救济的精神，在商品交易中人们通过契约来实现对自己的损失的救济。当缔约方因缔约方的行为遭受损害时，提起违约之诉，从而使自己的利益得到最终的保护，上升至公法领域公民与国家订立契约，即宪法。当公民的私权益受到公权力的侵害时，依然可以通过与国家订立的契约而得到救济。

第十三条　借款人不得从事下列行为：

（一）通过故意变换身份、虚构融资项目、夸大融资项目收益前景等形式的欺诈借款；

（二）同时通过多个网络借贷信息中介机构，或者通过变换项目名称、对项目内容进行非实质性变更等方式，就同一融资项目进行重复融资；

（三）在网络借贷信息中介机构以外的公开场所发布同一融资项目的信息；

（四）已发现网络借贷信息中介机构提供的服务中含有本办法第十条所列内容，仍进行交易；

（五）法律法规和网络借贷有关监管规定禁止从事的其他活动。

[解读]

这一条是对借款人的禁止规定。借款人是借款合同的债务人。借款合同的债权人的权益是否能够得到保障，主要取决于债务人的偿债能力和信用。出借人对债务人的偿债能力和信用的判断，主要是通过借款人的相关信息的披露，此条就是对借款人的信息披露的要求。

借款人不得从事下列行为：

一、通过故意变换身份、虚构融资项目、夸大融资项目收益前景等形式的欺诈借款

这是对防止借款人的欺诈规定。

欺诈是指以使人发生错误认识为目的的故意行为。当事人由于他人的故意的错误陈述，发生认识上的错误而为意思表示，即构成因受欺诈而为的民事行为。为了保护受欺诈的当事人的合法利益，使其不受因欺诈而为的意思表示的约束，根据《合同法》法律允许受欺诈的一方当事人撤销该项民事行为，而在《民法通则》中欺诈也是致使民事行为无效的行为。

《民法通则》第58条规定："下列民事行为无效：(一)无民事行为能力人实施的；(二)限制民事行为能力人依法不能独立实施的；(三)一方以欺诈、胁迫的手段或者乘人之危，使对方在违背真实意思的情况下所为的；(四)恶意串通，损害国家、集体或者第三人利益的；(五)违反法律或者社会公共利益的；(六)经济合同违反国家指令性计划的；(七)以合法形式掩盖非法目的的。"

(一)欺诈的客观要件

欺诈行为是欺诈在客观方面的基本构成要件。没有客观方面的欺诈行为存在，就意味着中国法律保护的社会关系没有受到实际侵害，欺诈就不可能存在。只有当行为人欺诈的故意已经通过具体的欺诈行为表现出来，并且在客观上已经造成或者可能造成危害社会的结果的情况下，才能构成欺诈。

由于社会经济生活纷繁复杂，决定了欺诈行为形式的多样性，尽管欺诈行为有多种多样的表现形式，但是归纳起来，可以分为作为与不作为两类。所谓作为，就是用积极的行动实施的欺诈行为。作为的形式是欺诈最常见的一种形式。所谓不作为，是指行为人有履行告知真实情况的义务，而故意不履行告知义务而构成的欺诈行为。如卖方明知其出售的商品有隐蔽的瑕疵，按照法律、合同或交易惯例有义务告诉消费者而不告诉，就是以不作为的形式构成的欺诈。行为人告知义务产生的根据有法律上的规定、合同的约定，交易习惯或者诚实信用原则的要求。

欺诈在客观方面,并不要求有他人上当受骗、造成损害的实际结果的发生,只要可能使他人产生错误的认识即可。因为欺诈行为从根本上违反了法律的基本原则和公认的商业道德,故即使未造成任何人的实际损害,也扰乱了正常的竞争秩序和社会经济秩序,具有社会危害性。因此,对欺诈行为认定基本点是行为,不是结果。

"可能使他人产生错误认识"的确定,是根据主观标准还是根据客观标准来判断呢?主观标准是根据特定受欺诈人的具体情况,如学历、知识水平、年龄、经验技能、经历等来判断,而客观标准是依据欺诈是否可能使一个理性的普通人在施以平常注意力的情况下,是否可能产生误解来判断的。有专家认为,判断是否"可能使他人产生错误认识"主要应采用客观标准,也就是梁慧星教授讲的"经验法则",当然"经验法则"不能绝对化。主要采用客观标准,有利于执法和司法人员掌握,因为客观标准不仅易于把握,而且会使执法、司法人员设身处地思考若他是受欺诈者,自己会作出何种反应,同时客观标准会使人更容易考虑到受欺诈者是哪一类人。

(二)欺诈的主观要件

欺诈的主观方面也是欺诈构成的基本要件之一,人的行为是受人的意识和意志支配的,欺诈是主观要件和客观要件的有机统一构成的。欺诈的主观方面和客观方面是对立统一的关系,是紧密联系、相互依存、相互渗透的。

欺诈的主观方面只能由故意构成。所谓欺诈的故意,是指欺诈的主体明知自己的欺诈行为会引起他人上当受骗的结果,并且希望或者放任这种结果发生的主观心理态度。在认识因素方面,行为人明知自己的欺诈行为会引起他人上当受骗的结果,在意志因素方面,行为人对引起他人上当受骗的结果抱着希望或者放任的态度。根据认识和意志因素方面不同的情况,我们可以把欺诈故意分为直接故意和间接故意。

直接故意是欺诈行为人明知自己的行为会引起他人上当受骗的结果,并且希望这种结果发生的心理态度。在认识因素方面,直接故意既可以包括认识到他人上当受骗的危害结果的必然发生,也可以包括认识到使他人上当受骗的危害结果可能发生;在意志因素方面,直接故意对使他人上当受骗的结果抱着希望发生的态度,“希望”是积极追求使他人上当受骗的一种心理状态,具有直接追求性的特点。这一心理状态和特点和欺诈的目的是一致的,欺诈行为人对此有强烈的愿望。

间接故意是欺诈行为人明知自己的行为会引起他人上当受骗的结果,并且放任这种结果发生的心理态度。在认识因素方面,间接故意行为人只能认识到使他人上当受骗的可能性,而不能认识到其必然性;在意志因素方面,间接故意是放任使他人上当受骗结果的发生,所持的是一种消极的、放纵他人上当受骗结果发生的心理态度。间接故意以追求其他某种目的的行为为前提,具有伴随性的特点。在欺诈的构成要件中,无论行为人的主观心理状态是直接故意还是间接故意,都不影响其行为的构成,但是过失行为不能构成欺诈行为。

二、同时通过多个网络借贷信息中介机构,或者通过变换项目名称、对项目内容进行非实质性变更等方式,就同一融资项目进行重复融资

此规定是防止借款人通过不同的平台改变项目名称进行规避借款的额度的上限的规定。

三、在网络借贷信息中介机构以外的公开场所发布同一融资项目的信息

这一规定是防止借款人的偿债能力的下降,超过《暂行办法》对同一借款人的借款额度的上限规定。《暂行办法》规定了同一主体在一个网络借贷信息中介机构借款和在多个网络借贷信息中介机构借款的上限,如果不对借款人在网络借贷信息中介机构以外的公开场所发布同一融资项目的信息的限制就会导致《暂行办法》的借款额度的限制无法达到立法的目标。

四、已发现网络借贷信息中介机构提供的服务中含有本办法第十条所列内容,仍进行交易

借款人如发现本办法网络借贷信息中介机构从事或者接受委托从事下列活动:

(1)为自身或变相为自身融资;

(2)直接或间接接受、归集出借人的资金;

(3)直接或变相向出借人提供担保或者承诺保本保息;

(4)自行或委托、授权第三方在互联网、固定电话、移动电话等电子渠道以外的物理场所进行宣传或推介融资项目;

(5)发放贷款,但法律法规另有规定的除外;

(6)将融资项目的期限进行拆分;

(7)自行发售理财等金融产品募集资金,代销银行理财、券商资管、基金、保险或信托产品等金融产品;

(8)开展类资产证券化业务或实现以打包资产、证券化资产、信托资产、基金份额等形式的债权转让行为;

(9)除法律法规和网络借贷有关监管规定允许外,与其他机构投资、代理销售、经纪等业务进行任何形式的混合、捆绑、代理;

(10)虚构、夸大融资项目的真实性、收益前景,隐瞒融资项目的瑕疵及风险,以歧义性语言或其他欺骗性手段等进行虚假片面宣传或促销等,捏造、散布虚假信息或不完整信息损害他人商业信誉,误导出借人或借款人;

(11)向借款用途为投资股票、场外配资、期货合约、结构化产品及其他衍生品等高风险的融资提供信息中介服务;

(12)从事股权众筹等业务;

(13)法律法规、网络借贷有关监管规定禁止的其他活动。

在这些情况下,就不能与之进行交易。这一规定是利用市场的约束机制对违法和违规的网络借贷信息中介机构的管理。

五、法律法规和网络借贷有关监管规定禁止从事的其他活动

此项是弹性条款。

第十四条　参与网络借贷的出借人,应当具备投资风险意识、风险识别能力、拥有非保本类金融产品投资的经历并熟悉互联网。

[解读]

本条是对出借人的出借行为能力的要求,即通过网络借贷信息中介机构进行出借对资金主体出借能力的要求。网络借贷不仅具有传统的信用风险和道德风险,还具有技术风险,而且在信用风险和道德风险还高于传统的民间借贷。因此,该规定突出了防范互联网的技术风险的特征,和防范网络借贷高风险性。

一、出借行为能力规定

（一）出借行为能力的主体

参与网络借贷的出借人。

（二）具体能力的规定

应当具备投资风险意识、风险识别能力。

出借资金风险是指对未来出借资金的本金和利息的收回存在的不确定性，可能会遭受损失甚至本金损失的风险。出借资金，面临借款人的信用风险和道德风险。如果出借资金是出借给企业还要面临经营风险。

风险识别是出借人运用有关的知识和方法，系统、全面对借款主体的评估。

只有全面、准确地发现和识别借款人的信用风险，才能衡量风险和选择应对风险的策略。

二、拥有非保本类金融产品投资的经历并熟悉互联网

参与网络借贷的出借人，应当拥有非保本类金融产品投资的经历的这一规定，是对出借人的风险认知和风险承受能力的变相确定。非保本类金融产品的风险相对保本类的金融产品风险大。另外，通过网络借贷信息中介机构的出借资金虽然是债权但借款人的信用风险和道德风险都很大，因此需要出借人有一定的风险承受能力。

[非保本理财产品知识的扩充]

（一）非保本理财产品概念

非保本理财产品是指购买产品时收益存在不固定性，到期后并不保证收益，对本金的保本也存在一定的不确定性的理财产品。非保本型理财产品一般都是以非保本浮动利率型理财产品的形式出现的，是指商业银行根据约定条件和实际投资收益情况，向客户支付收益，并不保证客户本金安全的理财产品。非保本型浮动利率理财产品的优势：第一，收益高。这也是它的最大特点，非保本型浮动利率理财产品收益是没有上限的，在高速发展的经济环境中，如果购买到发展前景非常好的公司产品，收益就不可限量了。第二，选择产品时期限多样。根据不同投资者的需要，产品期限范围从 1 个月到 3 年期不等，很好地保证了资金的流动性，同时，可供选择的多种期限也满足各阶段客户各期限的投资需求。第

三,风险控制,专业管理。一般而言,正规的公司理财产品的背后都有非常专业的管理团队进行运作,相比于自我经营的风控流程,他们通过多种举措严格控制风险,尽量增加投资者收益。

(二)非保本型理财产品的风险

其实,我们不难看出,非保本型理财产品的风险主要是因为它收益的不确定性,因为它没有"栅栏",产品买卖公司连最低本金都不能保证,类似于股票的自负盈亏。那么,我们就来讲述一下影响非保险理财产品的风险构成因素。

1. 国家政策风险

每一个理财产品的推出都是时代的产物,它受着当前相关法律、法规和规定的制约,一旦国家宏观政策和市场相关法律法规发生变化,可能影响它的发行、投资和兑付等工作正常进行,进而导致客户本金和收益减少,甚至损失的政策风险。

2. 信用风险

一般性产品主要投资于符合监管机构要求的信托计划及其他资产或资产组合、银行间债券市场发行的各类债券以及其他货币资金市场投资工具。一旦所投资的相关用款人和债券发行人发生了信用违约,那么结果严重性是可想而知的。

3. 市场风险

金融市场瞬息万变,很难掌握它的规律,所以投资者将面临一定的市场风险,这也是大家都已认可并且应该做好心理准备的。

4. 流动性风险

非保本理财产品规定是一次性到期结付,投资者不能要求提前终止合同内容。所以相应的,如果在产品存续期内要提取资金,就会造成损失。

5. 意外风险

意外风险是一些不可抗因素,类似于自然灾害、战争等或系统故障、通信故障、投资市场停止交易等意外事件的出现,也可能对理财产品的产品成立、投资运作、资金返还、信息披露、公告通知造成影响,可能导致理财产品收益降低乃至本金损失。对这些意外客户须自行承担相应后果。

(三)购买非保本理财产品注意事项

(1)谨慎购买。由于这类的理财产品虽然收益较高,但是伴随着风险也是很高的,我们进行这类产品的选择时,除了对产品本身选取时应该谨慎之外,不能把大量资金投入其中，不然损失会很大，造成严重的后果。

(2)正规渠道购买。由于它的高收益，经常会有许多不知名的公司打出非常好的诱惑吸引网络用户进行购买，之后收到款项后逃之夭夭，我们平时购买时，一定要到正规的网站上进行浏览选择，切不可贪图一时的诱惑。

三、熟悉互联网

互联网金融在高收益的“羊群效应”下，众多小额消费者竞相参与投资相应的项目，由此可能带来投资风险。C. Steven Bradford 通过抽样调查，验证了一般美国大众也不具备基本的金融知识去判断众筹、网络借贷，①更何况我国远不如美国金融业整体的基础设施的发达，因此我国的互联网金融中的投资者更不具备风险识别和理性。事实上这类的中小微投资者整体既缺乏金融风险的识别、防范与化解的专业经验与技能，也缺乏组织性。

“互联网金融的发展离不开风险控制，互联网金融风险是技术进步所带来的风险，并不是金融业务创新以后和制度创新所带来的风险，技术进步带来的风险和金融业务和制度创新带来的风险，其实在本质上有区别的，他们管控方式应该有所不同。”

(一)技术风险的概念

技术风险是指伴随着科学技术的发展、生产方式的改变而产生的威胁人们生产与生活的风险。本条主要指网络技术与信息技术层面，投资者交易数据被破坏、修改、泄露等风险。

(二)技术风险的种类

技术风险的种类很多，其主要类型是技术不足风险、技术开发风险、技术保护风险、技术使用风险、技术取得和转让风险。

技术风险可依据工程项目风险定义进行等级区分。通常分为低、中、高风险三个等级。低风险是指可辨识且可监控其对项目目标影响的风险。中等风险是指可辨识的，对工程系统的技术性能、费用或进度将产生较大影响的风险，这类风险发生的可能性相当高，是有条件接受的事件，需要对其进行严密监控。高风

---

① C. Steven Bradford, “Crowdfund and The Federal Seavrities Laws”, *Colum. Bus. L. Rev.* 1 (2012).

险是指发生的可能性很高,不可接受的事件,其后果将对工程项目有极大影响的风险。

(三)技术风险的风险来源

其主要来自硬件设备和软件两个方面。

技术创新所需要的相关技术不配套、不成熟,技术创新所需要的相应设施、设备不够完善。由于这些因素的存在,影响创新技术的适用性、先进性、完整性、可行性和可靠性,从而产生技术性风险。许多企业热衷于提高企业技术水平和科技含量,引进国外先进技术和设备,结果食洋不化,设备闲置,发挥不了效益。

对技术创新的市场预测不够充分。任何一项新技术、新产品最终都要接受市场的检验。如果不能对技术的市场适应性、先进性和收益性作出比较科学的预测,就使创新的技术在初始阶段就存在风险。这种风险产生于技术本身,因而是技术风险。这种风险来自新产品不一定被市场接受,或投放市场后被其他同类产品取代,所发生的损失包括技术创新开发、转让转化过程中的损失。这就是说,企业在技术创新上确实存在风险,并不是技术越先进越好。

(四)技术风险的防范措施

1. 提高技术水平

大力发展我国先进的信息技术,提高计算机系统的关键技术水平,一方面在硬件设备上缩小与发达国家之间的差距,提高关键设备的安全防御能力;另一方面在软件技术上着力开发网络加密技术等具有自主知识产权的信息技术。这是防范技术风险,提高网络安全性能的根本性措施。

2. 健全计算机网络安全管理体系

从金融系统内部组织机构和规章制度建设两方面着手,首先要建立专职管理和专门从事防范计算机犯罪的技术队伍,落实相应的专职组织机构;其次是要建立健全各项计算机网络安全管理和防范制度,重点要完善业务的操作规程、强化要害岗位管理以及内部制约机制。

3. 统一规划和技术标准

按照系统工程的理论和方法,根据管理信息系统原理,在总体规划指导下,按一定的标准和规范,分阶段逐步开发建设网络金融系统。确立统一的发展规划和技术标准,不但有利于增强网络金融系统内的协调性,减少支付结算风险,而且有利于对网络金融风险的监测与监管。

互联网金融的安全管理原则主要的管理可以遵循以下几点原则：

一是互联网金融的管理体制要从传统金融的以账户为中心转向以客户为中心；

二是加强互联网金融业务风险管理的关键是建立合理的授信制度和开发经营业务管理系统,用以降低业务风险,提高互联网金融机构的经济效益,提高客户的满意度；

三是互联网金融的网络必须采用综合性的智能网络管理系统,提供一体化的网络管理服务,通过协调和调度网络资源,对网络进行配置管理、故障管理、性能管理、安全管理、灾难恢复管理等,以便网络能可靠、安全和高效地运行；

四是互联网金融的安全管理必须建立完善的内控管理制度,使系统的安全管理能得到有效的实施；

五是互联网金融机构需要建立一个网络金融安全管理的综合、可循环的管理过程控制系统；

六是互联网金融需要建立具备保护、监测、反应的动态自适应的金融监管和预警系统；

七是互联网金融工程在开展网络金融安全管理设计时,要坚持综合性整体原则、效能投资相容原则、易用性与交互性原则、有限授权原则、全面确认制度、安全跟踪稽核原则、应急及持续经营等原则。

具体地讲,互联网金融技术风险管理需要关注的信息安全管理包括物理安全、网络互联的隔离和网关病毒过滤、数据传输加密、网络入侵行为及病毒的传播控制、操作系统的安全管理、其他安全设施等。在互联网金融技术管理策略中,需要金融高级管理层对网络金融业务的技术性风险管理给予高度重视,有形的物理设施,如对计算机系统、网络设备、密钥等关键设备及信息必须进行安全防卫措施,对数据管理和网络通信安全管理是网络金融业务技术风险的核心部分,应设计和配置不同的服务器和防火墙,采用合适的加密技术确保数据传输的真实性和保密性。应用程序安全主要涉及对交易客户的身份认证和对交易的确认,这是网络金融业务运作的关键环节,必须高度关注。系统平台安全必须符合安全标准,事态安全检查须纳入网络金融业务风险控制中。互联网金融业务的安全管理的具体需求有物理层安全、网络层安全、系统层安全、数据层安全以及应用层安全需求等。

最为重要的是,互联网金融与普通互联网平台的技术性风险差异非常巨大,普通网站、软件可以不断完善升级,不断改良改进,偶尔的宕机问题也不是很大,但是互联网金融平台或者说金融机构的信息化平台就绝不能有宕机问题。因此,在目前互联网金融一些模式进入门槛较低,技术、开发、安全保障等投入非常有限的情况下,如何保障、防范技术性风险也就显得尤为重要了。

[知识扩展]

行为能力是指法律关系主体能够通过自己的行为实际取得权利和履行义务的能力。公民的行为能力是公民的意识能力在法律上的反映。确定公民有无行为能力,其标准有二:一是能否认识自己行为的性质、意义和后果;二是能否控制自己的行为并对自己的行为负责。

公民的行为能力是由法律予以规定的。行为能力在不同的法律关系中是不同的,如民事法律关系中民事行为能力。但并非人人皆有行为能力,只有具备一定条件的人才能具有民事行为能力。

民事行为形成民事法律关系,受民法调整。金融行为形成金融法律关系,受金融法调整。金融是专业性与技术性的领域,风险是金融的特征,因此有必要要求参与金融法律关系中的主体的行为能力要有所限制,而且金融行为能力要根据不同的金融法律关系、监管的方式、风险的大小有不同的限制。如现有的金融法根据各种金融行为的风险不同设定了投资者主体资格,即金融行为能力。

第十五条　参与网络借贷的出借人应当履行下列义务:

(一)向网络借贷信息中介机构提供真实、准确、完整的身份等信息;

(二)出借资金为来源合法的自有资金;

(三)了解融资项目信贷风险,确认具有相应的风险认知和承受能力;

(四)自行承担借贷产生的本息损失;

(五)借贷合同及有关协议约定的其他义务。

[解读]

本条是对出借人的义务规定。主要是从反洗钱、出借人的风险评估及协议约定的角度规定出借人的义务。

此条根据《指导意见》第18项规定："反洗钱和防范金融犯罪。从业机构应当采取有效措施识别客户身份，主动监测并报告可疑交易，妥善保存客户资料和交易记录。从业机构有义务按照有关规定，建立健全有关协助查询、冻结的规章制度，协助公安机关和司法机关依法、及时查询、冻结涉案财产，配合公安机关和司法机关做好取证和执行工作。坚决打击涉及非法集资等互联网金融犯罪，防范金融风险，维护金融秩序。金融机构在和互联网企业开展合作、代理时应根据有关法律和规定签订包括反洗钱和防范金融犯罪要求的合作、代理协议，并确保不因合作、代理关系而降低反洗钱和金融犯罪执行标准。人民银行牵头负责对从业机构履行反洗钱义务进行监管，并制定相关监管细则。打击互联网金融犯罪工作由公安部牵头负责。"

一、出借人履行义务的具体内容

（一）向网络借贷信息中介机构提供真实、准确、完整的身份等信息

此规定有利于负有反洗钱义务的机构监督异常资金流所有权主体的身份核实。

（二）出借资金为来源合法的自有资金

出借资金的合法性的要求也是防范通过网络借贷信息中介机构进行洗钱。

（三）了解融资项目信贷风险，确认具有相应的风险认知和承受能力

这一规定主要是出于对出借人的资金安全考虑，实现网络借贷信息中介机构对出借人的风险评估、分级，进而设定出借人出借资金的限额。

（四）自行承担借贷产生的本息损失

这一规定是基于出借人通过网络借贷信息中介机构出借资金的法律关系及法律性质所定的。

（五）借贷合同及有关协议约定的其他义务

这是合同履行的义务规定。合同的履行，指的是合同规定义务的执行。任何合同规定义务的执行都是合同的履行行为；相应地，凡是不执行合同规定义务的行为，都是合同的不履行。因此，合同的履行，表现为当事人执行合同义务的行为。当合同义务执行完毕时，合同也就履行完毕。合同的履行通常表现为义

务人的作为,由于合同大多是双务合同,当事人双方一般均须为一定的积极作为,以实现对方的权利。但在极少数情况下,合同的履行也表现为义务人的不作为。无论是作为还是不作为,都是义务人的履约行为。

1. 履行合同的标准

履行合同,就其本质而言,是指合同的全部履行。只有当事人双方按照合同的约定或者法律的规定,全面、正确地完成各自承担的义务,才能使合同债权得以实现,也才使合同法律关系归于消灭。因而,当事人全面、正确地完成合同义务,是对当事人履约行为的基本要求。只完成合同规定的部分义务,就是没有完全履行;任何一方或双方均未履行合同规定的义务,则属于完全没有履行。无论是完全没有履行,或是没有完全履行,均与合同履行的要求相悖,当事人均应承担相应的责任。

2. 履行合同的行为过程

当事人完成合同义务的整个行为过程,不仅包括当事人的依约交付行为,而且还应包括当事人为完成最终交付行为所实施的一系列准备行为。尽管在通常情况下,准备行为并非合同义务,但绝不能因此得出准备行为不是合同履行行为的结论。准备行为是最终履行行为的基础或前提,甚至可以说没有准备行为即没有最终的履行行为。

合同的履行是一个过程,这其中包括执行合同义务的准备、具体合同义务的执行、义务执行的善后等。

在这一过程中,具体合同义务的执行是合同履行的核心内容,传统意义上的合同履行,指的就是这一阶段的合同履行。然而,为执行合同义务所作的准备和义务执行完毕后的善后义务,固然不是合同规定的义务,但因其与第二阶段意义上的合同履行具有密切的联系,也是合同履行的内容,这同时也是现代合同法发展的趋势所在。

具体合同义务的执行要进行必要的准备,没有必要的准备行为,往往就无法执行合同的具体义务。现代合同法的发展已充分注意到准备行为在合同履行中的地位,并赋予合同当事人中止合同的权利。理论上通常将这一表述称为英美法上的先期违约制度,但其却表明了立法者对合同履行的动态过程的重视。因此,执行合同义务的准备行为,也是合同履行制度的当然内容,了解合同履行制度,不能忽视这一阶段。

合同的履行过程就是由以上三个阶段组成的,这三个阶段中任一行为的发生,都是合同的履行行为。合同的履行制度,就是规范在这三个阶段中有关合同当事人行为的制度。它应包括合同履行在法律效力上的总体要求,确保合同履行的一般法律制度,合同履行中的具体规则,等等。具体表现为合同履行的保全制度、合同履行的规则、合同履行中的抗辩等,由此构成我国合同法完整的合同履行制度。

《合同法》是将合同履行单独作为一章的,这主要是强调合同履行制度的重要性,更有利于人们重视合同的履行。同时,也承认合同的履行是合同终止的最主要、最正常的原因。合同的履行就是执行合同义务的行为,是一个过程。在这一过程中,每一个执行合同义务的行为结合在一起,构成了合同履行的完整过程,这是合同的完全履行。但是,合同的履行与合同的完全履行是两个不同的概念。履行强调的是行为的过程,完全履行强调的是行为的结果。虽然,法律对合同履行的要求是完全履行,但我们却不能把对履行的要求当作履行本身,因为,合同的部分履行也是合同的履行。

3. 合同履行的原则

合同履行的原则,是指法律规定的所有种类合同的当事人在履行合同的整个过程中所必须遵循的一般准则。根据《合同法》及司法实践,合同的履行除应遵守平等、公平、诚实信用等民法基本原则外,还应遵循以下合同履行的特有原则,即适当履行原则、协作履行原则、经济合理原则和情势变更原则。以下就这些合同履行的特有原则加以介绍。

(1)适当履行原则,是指当事人应依合同约定的标的、质量、数量,由适当主体在适当的期限、地点,以适当的方式,全面完成合同义务的原则。这一原则要求:第一,履行主体适当。即当事人必须亲自履行合同义务或接受履行,不得擅自转让合同义务或合同权利让其他人代为履行或接受履行。第二,履行标的物及其数量和质量适当。即当事人必须按合同约定的标的物履行义务,而且还应依合同约定的数量和质量来给付标的物。第三,履行期限适当。即当事人必须依照合同约定的时间来履行合同,债务人不得迟延履行,债权人不得迟延受领;如果合同未约定履行时间,则双方当事人可随时提出或要求履行,但必须给对方必要的准备时间。第四,履行地点适当。即当事人必须严格依照合同约定的地点来履行合同。第五,履行方式适当。履行方式包括标的物的履行方式以及价款或酬金的履行方式,当事人必须严格依照合同约定的方式履行合同。

(2)协作履行原则,是指在合同履行过程中,双方当事人应互助合作共同完成合同义务的原则。合同是双方民事法律行为,不仅仅是债务人一方的事情,债务人实施给付,需要债权人积极配合受领给付,才能达到合同目的。由于在合同履行的过程中,债务人比债权人应更多地受诚实信用、适当履行等原则的约束,协作履行往往是对债权人的要求。协作履行原则也是诚实信用原则在合同履行方面的具体体现。协作履行原则具有以下几个方面的要求:第一,债务人履行合同债务时,债权人应适当受领给付。第二,债务人履行合同债务时,债权人应创造必要条件、提供方便。第三,债务人因故不能履行或不能完全履行合同义务时,债权人应积极采取措施防止损失扩大,否则,应就扩大的损失自负其责。

(3)经济合理原则,是指在合同履行过程中,应讲求经济效益,以最少的成本取得最佳的合同效益。在市场经济社会中,交易主体都是理性地追求自身利益最大化的主体,因此,如何以最少的履约成本完成交易过程,一直都是合同当事人所追求的目标。由此,交易主体在合同履行的过程中应遵守经济合理原则是必然的要求。该原则一直为我国的立法所认可,如《纺织品、针织品、服装购销合同暂行办法》规定,供需双方应商定选择最快、最合理的运输方法。

(4)情势变更原则。合同有效成立以后,若非因双方当事人的原因而构成合同基础的情势发生重大变更,致使继续履行合同将导致显失公平,则当事人可以请求变更和解除合同。

所谓情势,是指合同成立后出现的不可预见的情况,即影响及于社会全体或局部之情势,并不考虑原来法律行为成立时,"为其基础或环境之情势"。所谓变更,是指合同赖以成立的环境或基础发生异常变动。

我国学者一般认为,变更指的是构成合同基础的情势发生根本的变化。在合同有效成立之后、履行之前,如果出现某种不可归责于当事人原因的客观变化会直接影响合同履行结果时,若仍然要求当事人按原来合同的约定履行合同,往往会给一方当事人造成显失公平的结果,这时,法律允许当事人变更或解除合同而免除违约责任的承担。这种处理合同履行过程中情势发生变化的法律规定,就是情势变更原则。

情势变更原则实质上是诚实信用原则在合同履行中的具体运用,其目的在于消除合同因情势变更所产生的不公平后果。自第二次世界大战后,由于战争的破坏,战后物价暴涨,通货膨胀十分严重。为了解决战前订立的合同在战后的纠纷,各国学者特别是德国学者借鉴历史上的"情势不变条款"理论,提出了情势变更原则,并经法院采为裁判的理由,直接具有法律上的效力。经过长期的发展,这一原则已成为当代合同法中的一个极富特色的法律原则,为各国法所普遍采用。我国法律虽然没有规定情势变更原则,但在司法实践中,这一原则已为司法裁判所采用。因此,情势变更原则既是合同变更或解除的一个法定原因,更是解决合同履行中情势发生变化的一项具体规则。

4. 合同的基本要素

对于依法生效的合同而言,在其履行期限届满以后,债务人应当根据合同的具体内容和合同履行的基本原则实施履行行为。债务人在履行的过程中,应当遵守一些合同履行的基本规则。

(1)合同履行主体不仅包括债务人,也包括债权人。因为合同全面适当地履行的实现,不仅主要依赖于债务人履行债务的行为,同时还要依赖于债权人受领履行的行为。因此,合同履行的主体是指债务人和债权人。除法律规定、当事人约定、性质上必须由债务人本人履行的债务以外,履行也可以由债务人的代理人进行,但是代理只有在履行行为是法律行为时方可适用。同样,在上述情况下,债权人的代理人也可以代为受领。此外,必须注意的是,在某些情况下,合同也可以由第三人代替履行,只要不违反法律的规定或者当事人的约定,或者符合合同的性质,第三人也是正确的履行主体。不过,由第三人代替履行时,该第三人并不取得合同当事人的地位,第三人仅仅只是居于债务人的履行辅助人的地位。

(2)合同的标的,是合同债务人必须实施的特定行为,是合同的核心内容,是合同当事人订立合同的目的所在。合同标的不同,合同的类型也就不同。如果当事人不按照合同的标的履行合同,合同利益就无法实现。因此,必须严格按照合同的标的履行合同就成为合同履行的一项基本规则。合同标的的质量和数量是衡量合同标的的基本指标。因此,按照合同标的履行合同,在标的的质量和数量上必须严格按照合同的约定进行履行。如果合同对标的的质量没有约定或者约定不明确的，当事人可以补充协议，协议不成的，按照合同的条款和交易习惯来确定。如果仍然无法确定的，按照国家标准、行业标准履行；没有国家标准、行业标准的，按照通常标准或者符合合同目的的特定标准履行。在标的数量上，全面履行原则的基本要求便是全部履行，而不应当部分履行，但是在不损害债权人利益的前提下，也允许部分履行。

(3)合同履行期限，是指债务人履行合同义务和债权人接受履行行为的时间。作为合同的主要条款，合同的履行期限一般应当在合同中予以约定，当事人应当在该履行期限内履行债务。如果当事人不在该履行期限内履行，则可能构成迟延履行而应当承担违约责任。履行期限不明确的，根据《合同法》第61条的规定，双方当事人可以另行协议补充，如果协议补充不成的，应当根据合同的有关条款和交易习惯来确定。如果还无法确定的，债务人可以随时履行，债权人也可以随时要求履行，但应当给对方必要的准备时间，这也是合同履行原则中诚实信用原则的体现。不按履行期限履行，有两种情形：迟延履行和提前履行。在履行期限届满后履行合同为迟延履行，当事人应当承担迟延履行责任，此为违约责任的一种形态；在履行期限届满之前所为履行行为提前履行，提前履行不一定构成不适当履行。

(4)履行地点，是债务人履行债务、债权人受领给付的地点，履行地点直接关系到履行的费用和时间。在国际经济交往中，履行地点往往是纠纷发生以后用来确定适用的法律的根据。如果合同中明确约定了履行地点的，债务人就应当在该地点向债权人履行债务，债权人应当在该履行地点接受债务人的履行行为。如果合同约定不明确的，依据《合同法》的规定，双方当事人可以协议补充，如果不能达成补充协议的，则按照合同有关条款或者交易习惯确定。如果履行地点仍然无法确定的，则根据标的的不同情况确定不同的履行地点。如果合同约定给付货币的，在接受货币一方所在地履行；如果交付不动产的，在不动产所在地履行；其他标的，在履行义务一方所在地履行。

(5)履行方式，是合同双方当事人约定以何种形式来履行义务。合同的履行方式主要包括运输方式、交货方式、结算方式等。履行方式由法律或者合同约定或者是合同性质来确定，不同性质、内容的合同有不同的履行方式。根据合同履行的基本要求，在履行方式上，履行义务人必须首先按照合同约定的方式进行履行。如果约定不明确的,当事人可以协议补充;协议不成的,可以根据合同的有关条款和交易习惯来确定;如果仍然无法确定的,按照有利于实现合同目的的方式履行。

(6)履行费用,是指债务人履行合同所支出的费用。如果合同中约定了履行费用,则当事人应当按照合同的约定负担费用。如果合同没有约定履行费用或者约定不明确的,则按照合同的有关条款或者交易习惯确定;如果仍然无法确定的,则由履行义务一方负担。因债权人变更住所或者其他行为而导致履行费用增加时,增加的费用由债权人承担。

第十六条 网络借贷信息中介机构在互联网、固定电话、移动电话等电子渠道以外的物理场所只能进行信用信息采集、核实、贷后跟踪、抵质押管理等风险管理及网络借贷有关监管规定明确的部分必要经营环节。

[解读]

明确网络借贷信息中介机构在物理场所能从事什么行为。网络借贷信息中介机构在物理场所只能进行信用信息采集、核实、贷后跟踪、抵质押管理等风险管理及网络借贷有关监管规定明确的部分必要经营环节。这一规定意味着网络借贷信息中介机构不能通过物理场所去找出借人和借款人。

第十七条 网络借贷金额应当以小额为主。网络借贷信息中介机构应当根据本机构风险管理能力,控制同一借款人在同一网络借贷信息中介机构平台及不同网络借贷信息中介机构平台的借款余额上限,防范信贷集中风险。

同一自然人在同一网络借贷信息中介机构平台的借款余额上限不超过人民币20万元;同一法人或其他组织在同一网络借贷信息中介机构平台的借款余额上限不超过人民币100万元;同一自然人在不同网络借贷信息中介机构平台借款总余额不超过人民币100万元;同一法人或其他组织在不同网络借贷信息中介机构平台借款总余额不超过人民币500万元。

[解读]

此条规定主要是风险分散,对债权人进行保护,同时有利于社会的金融秩序的稳定,以保不发生系统性和区域性风险。这一规定对目前实践中的网络借贷行业的影响很大。原因是大量平台都远远超出了这一限额,这对整个运营机制方面产生很大影响。

网络借贷金额应当以小额为主。网络借贷信息中介机构应当根据本机构风险管理能力,控制同一借款人在同一网络借贷信息中介机构平台及不同网络借贷信息中介机构平台的借款余额上限,防范信贷集中风险。

一、互联网金融具有信用风险

众所周知,金融的主要风险是"信用风险",①以银行为例,信用风险指贷款方到期日不能完全履行其还款义务从而给商业银行造成贷款本金或利息损失的风险。商业银行一般采用加强对客户资信审查、对资金使用进行监督、提取呆坏账准备金等方式防范贷款风险的发生。

网络借贷运行模式所形成的法律关系及实践证明其主要风险仍是信用风险。网络借贷模式,是指个体和个体之间通过网络实现的直接借贷。其本质还是借贷的法律关系,因此出借人面临的借款人的信用风险中,其信用风险主要来源于借款人违约。出借人到期不能完全履行其还款义务从而给投资者造成贷款本金或利息损失的风险。但是在网络借贷中,出借人面临的信用风险将会增加,原因是传统金融的信用风险在互联网金融中有其自身的特殊性,如通过网络借贷进行借贷的资料比传统银行借贷更容易被篡改和灭失。这些都必将影响客户对网络借贷业务的信心。

二、防范信贷风险集中的具体规定

一是同一自然人在同一网络借贷信息中介机构平台的借款余额上限不超过人民币20万元。二是同一法人或其他组织在同一网络借贷信息中介机构平台的借款余额上限不超过人民币100万元。三是同一自然人在不同网络借贷信息中介机构平台借款总余额不超过人民币100万元。四是同一法人或其他组织在不同网络借贷信息中介机构平台借款总余额不超过人民币500万元。

---

① 信用风险是指债务人或交易对手未能履行合同所规定的义务或信用质量发生变化,影响金融产品价值,从而给债权人或金融产品持有人造成经济损失的风险。

第十八条　网络借贷信息中介机构应当按照国家网络安全相关规定和国家信息安全等级保护制度的要求，开展信息系统定级备案和等级测试，具有完善的防火墙、入侵检测、数据加密以及灾难恢复等网络安全设施和管理制度，建立信息科技管理、科技风险管理和科技审计有关制度，配置充足的资源，采取完善的管理控制措施和技术手段保障信息系统安全稳健运行，保护出借人与借款人的信息安全。

网络借贷信息中介机构应当记录并留存借贷双方上网日志信息，信息交互内容等数据，留存期限为自借贷合同到期起5年；每两年至少开展一次全面的安全评估，接受国家或行业主管部门的信息安全检查和审计。

网络借贷信息中介机构成立两年以内，应当建立或使用与其业务规模相匹配的应用级灾备系统设施。

[解读]

此条是根据《指导意见》第17项规定："网络与信息安全。从业机构应当切实提升技术安全水平，妥善保管客户资料和交易信息，不得非法买卖、泄露客户个人信息。人民银行、银监会、证监会、保监会、工业和信息化部、公安部、国家互联网信息办公室分别负责对相关从业机构的网络与信息安全保障进行监管，并制定相关监管细则和技术安全标准。"制定网络借贷信息中介机构信息技术和安全的规定，也是在防范技术风险。

互联网是目前最为开放的网络，任何一个客户或非客户只要具备一定的设备，满足一定的基础性条件都可以进入互联网进行浏览。互联网金融机构直接对外部的各类网络连接，提供大量的查询和金融交易服务，其本身无论是数据还是系统都存在高度风险；互联网金融系统与业务主机应用系统与业务主机应用系统之间存在大量的数据通信，加大了内联网和外联网系统的风险。互联网完成的金融业务，由于通过一系列的技术设备将封闭的网络同互联网相连，客户可以使用互联网进入金融机构内部的网络，技术安全性相对而言就降低了；互联网金融的网络容易受到来自网络内部和外部的病毒攻击。所以网络金融机构一般都设计有多层安全系统，以保护互联网金融虚拟金融柜台的平衡运行。据美国报纸的报道，在美国安全第一网络银行（Security First Network Bank，SFNB）挫败

1.5万起企图破坏其金融系统的网络攻击,以至于SFNB担心如果还继续大量发生这类欺诈行为的话,将会有损于社会公众对网络金融的信心。此外,网络金融机构的计算机系统停机、磁盘被破坏、病毒侵入等不确定性因素,黑客侵入,软件被非法修改,从而存在客户私人信息泄露,也会形成网络金融的技术风险。

一、对出借人与借款人的信息安全的保护

(一)出借人与借款人的信息安全保护义务主体

网络借贷信息中介机构。

(二)保护的程度

网络借贷信息中介机构应当按照国家网络安全相关规定和国家信息安全等级保护制度的要求进行保护。

(三)保护的具体措施

开展信息系统定级备案和等级测试,具有完善的防火墙、入侵检测、数据加密以及灾难恢复等网络安全设施和管理制度,建立信息科技管理、科技风险管理和科技审计有关制度,配置充足的资源,采取完善的管理控制措施和技术手段保障信息系统安全稳健运行,保护出借人与借款人的信息安全。

二、交易记录的规定

(一)交易记录安全的义务主体

网络借贷信息中介机构。

(二)义务内容

网络借贷信息中介机构应当记录并留存借贷双方上网日志信息,信息交互内容等数据,留存期限为自借贷合同到期起5年。

(三)安全评估的规定

每两年至少开展一次全面的安全评估,接受国家或行业主管部门的信息安全检查和审计。

(四)应用级灾备系统设施建立

网络借贷信息中介机构成立2年以内,应当建立或使用与其业务规模相匹配的应用级灾备系统设施。

第十九条　网络借贷信息中介机构应当为单一融资项目设置募集期,最长不超过20个工作日。

[解读]

此条是单一融资项目设置募集期限的规定。

网络借贷信息中介机构应当为单一融资项目设置募集期,最长不超过20个工作日。这一规定有利于出借人资金收益的保障。通过网络借贷信息机构进行借款是小额分散的,因此一个借款人的单一项目与多个出借人形成借款关系。如不限制借款期限会使先出借的出借人的资金长期闲置在账面上一直等待借款人的单一项目集资数额完成,这样会造成出借人的资金浪费。

第二十条 借款人支付的本金和利息应当归出借人所有。网络借贷信息中介机构应当与出借人、借款人另行约定费用标准和支付方式。

[解读]

本条是对出借人的出借资金的所有权、网络借贷信息中介机构提供信息服务费的标准和支付方式的确定方式进行了规定。

第一种观点认为,"借款人支付的本金和利息应当归出借人所有"的规定是网络借贷信息中介机构、出借人、借款人之间所形成的法律关系所决定的。

网络借贷信息中介机构与借款人之间属于居间服务法律关系,二者签订的合同为《借款服务协议》。网络借贷平台作为居间人,撮合借款人与平台出借人完成借贷关系。根据《合同法》的相关规定,居间人应"向委托人报告订立合同的机会或者提供订立合同的媒介服务"。

信息中介机构享有的权利包括收取平台服务费、审核借款人资料等;信息中介机构负有的义务包括为借款人提供融资信息服务、协助借款人在平台网站发布借款信息、协助资金划转等。

借款人享有的权利包括接收信息中介机构的服务、在信息中介机构网站上发布借款需求;借款人负有的义务包括缴纳平台服务费、提供个人资料接收信息中介机构审核。

第二种观点认为,信息中介机构与出借人二者之间的法律关系是居间服务关系。信息中介机构作为居间人,撮合借款人与平台出借人完成借贷关系。根据《合同法》相关规定,居间人应"向委托人报告订立合同的机会或者提供订立合同的媒介服务"。在网络借贷模式中,信息中介机构通过网站向作为其注册会员的平台投资人发布、展示借款人的借款申请信息，提供《借款合同》模板，该过程实质上恰恰属于《合同法》所规定的居间服务。信息中介机构为居间人，出借人为委托人。

具体来说，信息中介机构享有的权利包括收取中介服务费(多数网贷平台会免于收取投资方费用)、对出借人平台账号进行管理等；信息中介机构负有的义务，包括保护出借人私有信息不被泄露、为出借人提供投资信息服务等。

出借人享有的权利包括在信息中介机构网站上注册账号、对借款项目出借资金等；出借人负有的义务包括出借资金来源合法、提供信息真实有效等。

综上所述，第一种观点更为符合目前相关法律与行政法规的规定。根据《指导意见》规定："个体网络借贷要坚持平台功能，为投资方和融资方提供信息交互、撮合、资信评估等中介服务。个体网络借贷机构要明确信息中介性质，主要为借贷双方的直接借贷提供信息服务，不得提供增信服务，不得非法集资。"其为出借人提供投资服务的观点并无法律支持。而第一种观点中的居间服务则为《合同法》中明确规定，无论是法律主体，还是行为模式均符合《合同法》中的规定。

借款人与出借人之间属于民间借贷法律关系，二者签订的合同为《借款合同》，该合同为实践性合同，以资金划转为合同生效要件。

借款人享有的权利包括依约得到出借资金等；借款人负有的义务包括按期偿还全部本息等。

出借人享有的权利包括按期取得约定本息、向第三人转让债权、了解债务人基本信息等；出借人负有的义务包括如期支付出借款项等。

借款人支付的本金和利息应当归出借人所有。网络借贷信息中介机构应当与出借人、借款人另行约定费用标准和支付方式。

这一条规定与传统金融机构收取约定费用标准和支付方式是一致的。同时，此规定对借款人和出借人的权益都有保护，也保证了资金流向渠道明确。

第二十一条　网络借贷信息中介机构应当加强与金融信用信息基础数据库运行机构、征信机构等的业务合作，依法提供、查询和使用有关金融信用信息。

[解读]

一、金融信用信息基础数据库概述

中国人民银行从20世纪90年代初开始,组织全国金融机构建设我国的征信系统,为国内每一个与银行有信贷关系的企业和个人建立"经济身份证"。2006年企业和个人征信系统实现全国联网运行。2013年颁布的《征信业管理条例》将人民银行征信系统明确定位为国家"金融信用信息基础数据库"。经过20多年的建设,金融信用信息基础数据库已经成为世界规模最大、收录人数最多、收集信息全面、覆盖和使用范围广泛的信用信息基础数据库。截至2016年5月末数据库收录了8.9亿自然人、2152.5万户企业及其他组织的信用信息。征信系统全面收集来自多方的企业和个人信息,主要核心是银行信贷信息,除此之外还包括证券、保险、信托、外汇、融资租赁、担保类等金融信息,以及社保、公积金、环保、欠税、民事裁决与执行等公共信息,服务网络覆盖全国。

金融信用信息基础数据库已经成为一项重要的金融基础设施,特别是为商业银行、农村信用社、财务公司、汽车金融公司、小额贷款公司等放贷机构广泛使用。截至2015年年末我国信贷市场规模为120.89万亿元人民币,征信系统收集的信贷余额为119.49万亿元,对信贷市场的覆盖率已经达到98%以上。

近期,国务院印发《关于建立完善守信联合激励和失信联合惩戒制度加快推进社会诚信建设的指导意见》,以守信激励和失信惩戒机制建设为核心,通过"褒扬"与"惩戒"双重手段,约束经济主体不愿失信、不敢失信,营造公平诚信的市场环境,加快推进社会信用体系建设。该指导意见指出,"部门联动,社会协同"是建立完善守信联合激励和失信联合惩戒制度的一项基本原则,要求"通过信用信息公开和共享,建立跨地区、跨部门、跨领域的联合激励与惩戒机制,形成政府部门协同联动、行业组织自律管理、信用服务机构积极参与、社会舆论广泛监督的共同治理格局"。信用信息公开和共享的基础是各部门、各行业具备较好的信用信息系统。

(一)金融信用信息基础数据库的概念

金融信用信息基础数据库,是由国家为防范金融风险、促进金融业发展提供相关信息服务设立,由中国人民银行征信中心建设、运行和维护的征信系统,该运行机构不以营利为目的,由国务院征信业监督管理部门中国人民银行负责监督管理。

（二）金融信用信息基础数据库的查询

根据国务院第631号令《征信业管理条例》的规定，金融信用信息基础数据库接收从事信贷业务的机构按照规定提供的信贷信息。金融信用信息基础数据库为信息主体和取得信息主体本人书面同意的信息使用者提供查询服务。国家机关可以依法查询金融信用信息基础数据库的信息。从事信贷业务的机构应当按照规定向金融信用信息基础数据库提供信贷信息。从事信贷业务的机构向金融信用信息基础数据库或者其他主体提供信贷信息，应当事先取得信息主体的书面同意，并适用本条例关于信息提供者的规定。

二、征信机构的概述

（一）征信机构的概念

征信机构是指依法设立的、独立于信用交易双方的第三方机构，专门从事收集、整理、加工和分析企业和个人信用信息资料工作，出具信用报告，提供多样化征信服务，帮助客户判断和控制信用风险等。征信机构是征信市场的支柱，在现代市场经济条件下扮演着至关重要的角色，是信息不对称情况下扩大市场交易规模的必要前提。没有征信机构承担的社会功能，社会信用很难充分发挥作用。

（二）征信机构的分类

从世界各国征信系统的发展状况看，由于各国国情和立法传统等方面的差异，其建立的征信机构各具特色。征信机构按所有权性质的不同，可分为公共征信机构、私营征信机构和混合征信机构；按信息主体的不同，可分为个人征信机构、企业征信机构、信用评级机构以及其他信用信息服务机构。公共征信机构以德国、法国为代表，美国是典型的私营征信机构模式，日本是典型的混合型征信机构模式。

在技术创新和金融市场自由化的激励下，征信机构不断发展，其趋势主要体现在以下四个方面：一是征信行业集中度迅速提高。二是产品经营日益多元化。三是商业化、互惠合作模式的适应性更强。四是征信立法的重视程度不断提高。

根据《征信业管理条例》、《征信机构管理办法》及有关法律法规，中国人民银行各分支机构开展的企业征信机构备案工作开始于2014年。根据基本完全的统计，目前完成备案的企业征信机构共有135家。

三、网络借贷信息中介机构与金融信用信息基础数据库运行机构、征信机构等的业务合作概述

网络借贷信息中介机构是对形成民间借贷法律关系提供信息服务的平台，而且根据《暂行办法》要对借款人的风险进行评估，评估的对象是借款人，评估的内容是借款人的信用风险，因此，此机构要与金融信用信息基础数据库运行机构、征信机构进行合作，并根据现有法律的规定提供、查询和使用有关金融信用信息。

第二十二条　各方参与网络借贷信息中介机构业务活动，需要对出借人与借款人的基本信息和交易信息等使用电子签名、电子认证时，应当遵守法律法规的规定，保障数据的真实性、完整性及电子签名、电子认证的法律效力。

网络借贷信息中介机构使用第三方数字认证系统，应当对第三方数字认证机构进行定期评估，保证有关认证安全可靠并具有独立性。

[解读]

网络借贷信息中介机构是对形成民间借贷法律关系提供信息服务的平台，借贷协议和平台服务协议都是在网上形成的。网上协议就是电子合同，涉及电子签名等问题。无论电子合同和电子签名都应当遵守法律法规的规定，保障数据的真实性、完整性及电子签名、电子认证的法律效力。

随着电子商务的快速发展，众多信息化领先的企业越来越倾向于采用签订电子合同的方式迅速锁定客户、降低成本、提升竞争力。但是由于电子合同的准入门槛较高，涉及安全、技术和法律等多个专业领域，目前真正了解的人却不多。

一、电子合同概述

（一）电子合同是《合同法》规定的书面形式

根据《合同法》规定：“书面形式是指合同书、信件和数据电文（包括电报、电传、传真、电子数据交换和电子邮件）等可以有形地表现所载内容的形式。”

根据《电子签名法》第4条规定：“能够有形地表现所载内容，并可以随时调取查用的数据电文，视为符合法律、法规要求的书面形式；符合下列条件的数据电文，视为满足法律、法规规定的文件保存要求：（一）能够有效地表现所载内容并可供随时调取查用;(二)数据电文的格式与其生成、发送或者接收时的格式相同,或者格式不相同但是能够准确表现原来生成、发送或者接收的内容;(三)能够识别数据电文的发件人、收件人以及发送、接收的时间。"

根据《合同法》与《电子签名法》所规定的数据电文包括电报、电传、传真、电子数据交换和电子邮件等可以有形地表现所载内容的形式是《合同法》所规定的书面形式,因此通过网络借贷信息中介机构形成的电子协议是《合同法》规定有效的形式,但采用电子形式的合同的成立应遵守《合同法》的规定。

(二)电子合同的成立的前提条件

根据《合同法》第33条规定,数据电文等形式订立合同的,可以在合同成立之前要求签订确认书。签订确认书时合同成立。

(三)电子合同生效

根据《合同法》第16条规定,要约到达受要约人时生效。

采用数据电文形式订立合同,收件人指定特定系统接收数据电文的,该数据电文进入该特定系统的时间,视为到达时间;未指定特定系统的,该数据电文进入收件人的任何系统的首次时间,视为到达时间。

(四)电子合同概念

电子合同,又称电子商务合同,根据联合国国际贸易法委员会《电子商务示范法》以及世界各国颁布的电子交易法,同时结合我国《合同法》的有关规定,电子合同是指双方或多方当事人之间通过电子信息网络以电子的形式达成的设立、变更、终止财产性民事权利义务关系的协议。通过上述定义可以看出电子合同是以电子的方式订立的合同,其主要是指在网络条件下当事人为了实现一定的目的,通过数据电文、电子邮件等形式签订的明确双方权利义务关系的一种电子协议。电子合同效力,即电子合同的法律效力。

(五)电子合同的法律效力

《合同法》第16条同时还规定:"采用数据电文形式订立合同的",可采用"指定特定系统"。商务部在《电子合同在线订立流程规范》强调指出,通过第三方(电子合同服务提供商)的电子合同订立系统中订立电子合同才能保证其过程的公正性和结果的有效性。有效可信的电子合同是指缔约各方在因特网上、通过第三方电子合同订立系统、采用可靠电子签名技术形成的数据电文。有效电子合同必须同时具备身份可靠、过程有效、结果公正和保障便捷四原则。如工信部推广的 MMEC 电子合同标准。其提供的第三方电子缔约系统一般必须具备电子合同签署、电子合同提取、电子合同存储、电子合同验真四方面的功能,以及具备数字证书(买卖盾)服务、电子物证鉴定服务、电子商务纠纷调解服务等电子合同保障服务体系。

根据《电子签名法》第 3 条规定:"民事活动中的合同或者其他文件、单证等文书,当事人可以约定使用或者不使用电子签名、数据电文。当事人约定使用电子签名、数据电文的文书,不得仅因为其采用电子签名、数据电文的形式而否定其法律效力。前款规定不适用下列文书:(一)涉及婚姻、收养、继承等人身关系的;(二)涉及土地、房屋等不动产权益转让的;(三)涉及停止供水、供热、供气、供电等公用事业服务的;(四)法律、行政法规规定的不适用电子文书的其他情形。"

二、电子签名概述

(一)电子签名的概念

根据《电子签名法》第 2 条规定:"本法所称电子签名,是指数据电文中以电子形式所含、所附用于识别签名人身份并表明签名人认可其中内容的数据。本法所称数据电文,是指以电子、光学、磁或者类似手段生成、发送、接收或者储存的信息。"

(二)电子合同签名的法律效力

《电子签名法》是为了规范电子签名行为,确立电子签名的法律效力,维护有关各方的合法权益而制定的法律。

电子合同签名的法律效力,除了订立电子合同的过程有法律规定以外,订立电子合同所采取的技术手段也有明确和严格的法律规定。依据《电子签名法》第 14 条:"可靠的电子签名与手写签名或者盖章具有同等的法律效力。"由此可见,只有使用"可靠的电子签名",电子合同才具有与纸质合同同等的法律效力。《电子签名法》第 13 条对可靠的电子签名作了规定:"电子签名同时符合下列条件的,视为可靠的电子签名:(1)电子签名制作数据用于电子签名时,属于电子签名人专有;(2)签署时电子签名制作数据仅由电子签名人控制;(3)签署后对电子签名的任何改动能够被发现;(4)签署后对数据电文内容和形式的任何改动能够被发现。”例如,工信部在“可靠电子签名及数据电文试点项目”中采用的 MMEC 电子合同技术就是一种可靠的电子签名技术。

三、电子合同取证与鉴定的法律效力

电子合同取证与鉴定的法律效力,根据《民事诉讼法》第 63 条规定,“证据包括电子数据”。但普通数据电文形式的所谓“电子合同”要成为司法证据,必须要遵照严格的司法规定。比如,需公证机构陪同取证、保管、鉴定等……其过程繁琐,成本高昂。但采用可靠电子签名的电子合同“与手写签名或盖章具有相同的法律效力”,因此具备了书证的法律效力,其取证和鉴定流程也可参照书证证据,方便快捷。《电子签名法》第 7 条规定,数据电文不得仅因为其是以电子、光学、磁或者类似手段生成、发送、接收或者储存的而被拒绝作为证据使用。

四、保证数据的真实性、完整性

根据《电子签名法》第 8 条规定:“审查数据电文作为证据的真实性,应当考虑以下因素:(一)生成、储存或者传递数据电文方法的可靠性;(二)保持内容完整性方法的可靠性;(三)用以鉴别发件人方法的可靠性;(四)其他相关因素。”

《电子签名法》第 5 条规定:“符合下列条件的数据电文,视为满足法律、法规规定的原件形式要求:(一)能够有效地表现所载内容并可供随时调取查用;(二)能够可靠地保证自最终形成时起,内容保持完整、未被更改。但是,在数据电文上增加背书以及数据交换、储存和显示过程中发生的形式变化不影响数据电文的完整性。”

五、网络借贷信息中介机构使用第三方数字认证系统,应当对第三方数字认证机构进行定期评估,保证有关认证安全可靠并具有独立性

(一)为什么网络借贷信息中介机构使用第三方数字认证系统

根据《电子签名法》第 16 条规定:“电子签名需要第三方认证的,由依法设立的电子认证服务提供者提供认证服务。”因此,通过网络借贷信息中介机构形成的借款等电子合同需要使用第三方数字认证系统进行认证。

(二)为什么应当对第三方数字认证机构进行定期评估

根据《电子签名法》第 17 条规定:“提供电子认证服务,应当具备下列条件:(一)具有与提供电子认证服务相适应的专业技术人员和管理人员;(二)具有与提供电子认证服务相适应的资金和经营场所;(三)具有符合国家安全标准的技术和设备;(四)具有国家密码管理机构同意使用密码的证明文件;(五)法律、行政法规规定的其他条件。”

因此,网络借贷信息中介机构使用第三方数字认证系统,应当对第三方数字认证机构进行定期评估,保证有关认证安全可靠并具有独立性。

[《电子签名法》相关规定]

《电子签名法》第 21 条规定,电子认证服务提供者签发的电子签名认证证书应当准确无误,并应当载明下列内容:“(一)电子认证服务提供者名称;(二)证书持有人名称;(三)证书序列号;(四)证书有效期;(五)证书持有人的电子签名验证数据;(六)电子认证服务提供者的电子签名;(七)国务院信息产业主管部门规定的其他内容。”

《电子签名法》第 22 条规定:“电子认证服务提供者应当保证电子签名认证证书内容在有效期内完整、准确,并保证电子签名依赖方能够证实或者了解电子签名认证证书所载内容及其他有关事项。”

《电子签名法》第 23 条规定:“电子认证服务提供者拟暂停或者终止电子认证服务的,应当在暂停或者终止服务九十日前,就业务承接及其他有关事项通知有关各方。电子认证服务提供者拟暂停或者终止电子认证服务的,应当在暂停或者终止服务六十日前向国务院信息产业主管部门报告,并与其他电子认证服务提供者就业务承接进行协商,作出妥善安排。电子认证服务提供者未能就业务承接事项与其他电子认证服务提供者达成协议的,应当申请国务院信息产业主管部门安排其他电子认证服务提供者承接其业务。电子认证服务提供者被依法吊销电子认证许可证书的,其业务承接事项的处理按照国务院信息产业主管部门的规定执行。”

《电子签名法》第 24 条规定:“电子认证服务提供者应当妥善保存与认证相关的信息,信息保存期限至少为电子签名认证证书失效后五年。”

《电子签名法》第 25 条规定:“国务院信息产业主管部门依照本法制定电子认证服务业的具体管理办法,对电子认证服务提供者依法实施监督管理。”

《电子签名法》第 26 条规定:“经国务院信息产业主管部门根据有关协议或

者对等原则核准后,中华人民共和国境外的电子认证服务提供者在境外签发的电子签名认证证书与依照本法设立的电子认证服务提供者签发的电子签名认证证书具有同等的法律效力。”

第二十三条　网络借贷信息中介机构应当采取适当的方法和技术,记录并妥善保存网络借贷业务活动数据和资料,做好数据备份。保存期限应当符合法律法规及网络借贷有关监管规定的要求。借贷合同到期后应当至少保存5年。

[解读]

本条赋予了网络借贷信息中介机构对网络借贷业务活动数据和资料保存义务。

一、网络借贷业务活动数据和资料保存的义务主体

网络借贷业务活动数据和资料保存的义务主体是网络借贷信息中介机构。

二、保存的方式

应当采取适当的方法、技术与备份。

三、网络借贷业务活动数据和资料保存期限

保存期限应当符合法律法规及网络借贷有关监管规定的要求。借贷合同到期后应当至少保存5年。

第二十四条　网络借贷信息中介机构暂停、终止业务时应当至少提前10个工作日通过官方网站等有效渠道向出借人与借款人公告,并通过移动电话、固定电话等渠道通知出借人与借款人。网络借贷信息中介机构业务暂停或者终止,不影响已经签订的借贷合同当事人有关权利义务。

网络借贷信息中介机构因解散或宣告破产而终止的,应当在解散或破产前,妥善处理已撮合存续的借贷业务,清算事宜按照有关法律法规的规定办理。

网络借贷信息中介机构清算时,出借人与借款人的资金分别属于出借人与借款人,不属于网络借贷信息中介机构的财产,不列入清算财产。

[解读]

本条是对网络借贷信息中介机构暂停、终止业务；因解散或宣告破产而终止；因解散或宣告破产而终止的；网络借贷信息中介机构清算时的网络借贷信息中介机构的义务、借贷合同的效力和出借人与借款人的资金权属的规定。

一、网络借贷信息中介机构暂停、终止业务时网络借贷信息中介机构的公告义务

(1)网络借贷信息中介机构暂停、终止业务时应当至少提前 10 个工作日通过官方网站等有效渠道向出借人与借款人公告。

(2)网络借贷信息中介机构暂停、终止业务时通知义务。网络借贷信息中介机构暂停、终止业务时，网络借贷信息中介机构通过移动电话、固定电话等渠道通知出借人与借款人。

(3)网络借贷信息中介机构暂停、终止业务时借贷合同的效力。网络借贷信息中介机构业务暂停或者终止，不影响已经签订的借贷合同当事人有关权利义务。

二、网络借贷信息中介机构因解散或宣告破产而终止的义务规定

(一)解散原因

网络借贷信息中介机构在解散或破产前，妥善处理已撮合存续的借贷业务，根据《公司法》第 181 条规定："公司因下列原因解散：(一)公司章程规定的营业期限届满或者公司章程规定的其他解散事由出现；(二)股东会或者股东大会决议解散；(三)因公司合并或者分立需要解散；(四)依法被吊销营业执照、责令关闭或者被撤销；(五)人民法院依照本法第一百八十三条的规定予以解散。"

《公司法》第 183 条规定："公司经营管理发生严重困难，继续存续会使股东利益受到重大损失，通过其他途径不能解决的，持有公司全部股东表决权百分之十以上的股东，可以请求人民法院解散公司。"

(二)清算事宜按照有关法律法规的规定办理

根据《公司法》第 184 条规定："公司因本法第一百八十一条第(一)项、第(二)项、第(四)项、第(五)项规定而解散的，应当在解散事由出现之日起十五日内成立清算组，开始清算。有限责任公司的清算组由股东组成，股份有限公司的清算组由董事或者股东大会确定的人员组成。逾期不成立清算组进行清算的，债权人可以申请人民法院指定有关人员组成清算组进行清算。人民法院应当受理该申请，并及时组织清算组进行清算。”

《公司法》第185条规定：“清算组在清算期间行使下列职权：（一）清理公司财产，分别编制资产负债表和财产清单；（二）通知、公告债权人；（三）处理与清算有关的公司未了结的业务；（四）清缴所欠税款以及清算过程中产生的税款；（五）清理债权、债务；（六）处理公司清偿债务后的剩余财产；（七）代表公司参与民事诉讼活动。”

（三）破产

根据《公司法》第187条规定：“清算组在清理公司财产、编制资产负债表和财产清单后，发现公司财产不足清偿债务的，应当依法向人民法院申请宣告破产。公司经人民法院裁定宣告破产后，清算组应当将清算事务移交给人民法院。”

《公司法》第189条规定：“公司清算结束后，清算组应当制作清算报告，报股东会、股东大会或者人民法院确认，并报送公司登记机关，申请注销公司登记，公告公司终止”。

《公司法》第190条规定：“清算组成员应当忠于职守，依法履行清算义务。清算组成员不得利用职权收受贿赂或者其他非法收入，不得侵占公司财产。清算组成员因故意或者重大过失给公司或者债权人造成损失的，应当承担赔偿责任。”

《公司法》第191条规定：“公司被依法宣告破产的，依照有关企业破产的法律实施破产清算。”

三、网络借贷信息中介机构清算时出借人与借款人的资金权属的规定

网络借贷信息中介机构清算时，出借人与借款人的资金分别属于出借人与借款人，不属于网络借贷信息中介机构的财产，不列入清算财产。

根据《公司法》第186条规定：“清算组应当自成立之日起十日内通知债权人，并于六十日内在报纸上公告。债权人应当自接到通知书之日起三十日内，未接到通知书的自公告之日起四十五日内，向清算组申报其债权。债权人申报债权，应当说明债权的有关事项，并提供证明材料。清算组应当对债权进行登记。

在申报债权期间,清算组不得对债权人进行清偿。”

《公司法》第187条规定:“清算组在清理公司财产、编制资产负债表和财产清单后,应当制定清算方案,并报股东会、股东大会或者人民法院确认。公司财产在分别支付清算费用、职工的工资、社会保险费用和法定补偿金,缴纳所欠税款,清偿公司债务后的剩余财产,有限责任公司按照股东的出资比例分配,股份有限公司按照股东持有的股份比例分配。清算期间,公司存续,但不得开展与清算无关的经营活动。公司财产在未依照前款规定清偿前,不得分配给股东。”

《公司法》规定要对公司的财产进行清算,但《暂行办法》规定了出借人与借款人的资金分别属于出借人与借款人,不属于网络借贷信息中介机构的财产,不列入清算财产。之所以不把出借人的出借资金部列入清算财产,这是由出借人、借款人与网络借贷平台之间形成的法律关系所决定的。网络借贷平台是给出借人和借款人签订借款合同形成借款法律关系的信息平台,因此出借人与借款人的资金分别属于出借人与借款人,不属于网络借贷信息中介机构的财产,不列入清算财产。

第四章 出借人与借款人保护

本章从第25条至第29条是对出借人与借款人的保护。根据《暂行办法》第16项消费者权益保护的规定,“研究制定互联网金融消费者教育规划,及时发布维权提示。加强互联网金融产品合同内容、免责条款规定等与消费者利益相关的信息披露工作,依法监督处理经营者利用合同格式条款侵害消费者合法权益的违法、违规行为。构建在线争议解决、现场接待受理、监管部门受理投诉、第三方调解以及仲裁、诉讼等多元化纠纷解决机制。细化完善互联网金融个人信息保护的原则、标准和操作流程。严禁网络销售金融产品过程中的不实宣传、强制捆绑销售。人民银行、银监会、证监会、保监会会同有关行政执法部门,根据职责分工依法开展互联网金融领域消费者和投资者权益保护工作。”

第二十五条　未经出借人授权，网络借贷信息中介机构不得以任何形式代出借人行使决策。

[解读]

未经出借人授权，网络借贷信息中介机构不得以任何形式代出借人行使决策。这一规定就意味着如果经出借人授权，网络借贷信息中介机构可以任何形式代出借人行使决策。这就给予网络借贷信息中介机构代出借人进行决策出借资金的权利，如目前一些网络借贷信息中介机构自动投标的设置。

其实，自动投标方式本身并没有什么问题，可以为投资人提供便捷服务，只不过很容易被问题平台所利用，因此应当具有约束条件。随着时间的推移，政策的清晰化，该功能会有更明晰的内容。

第二十六条　网络借贷信息中介机构应当向出借人以醒目方式提示网络借贷风险和禁止性行为，并经出借人确认。

网络借贷信息中介机构应当对出借人的年龄、财务状况、投资经验、风险偏好、风险承受能力等进行尽职评估，不得向未进行风险评估的出借人提供交易服务。

网络借贷信息中介机构应当根据风险评估结果对出借人实行分级管理，设置可动态调整的出借限额和出借标的限制。

[解读]

本条是根据《指导意见》第15项的规定，“信息披露、风险提示和合格投资者制度。从业机构应当对客户进行充分的信息披露，及时向投资者公布其经营活动和财务状况的相关信息，以便投资者充分了解从业机构运作状况，促使从业机构稳健经营和控制风险。从业机构应当向各参与方详细说明交易模式、参与方的权利和义务，并进行充分的风险提示。要研究建立互联网金融的合格投资者制度，提升投资者保护水平。有关部门按照职责分工负责监管”，对网络借贷信息中介机构对出借人进行风险提示、禁止行为的告知、风险评估、分级管理，设置可动态调整的出借限额和出借标的限制的义务。

一、风险提示与告知义务

(一)义务主体

网络借贷信息中介机构。

(二)权利主体

出借人。

(三)风险提示与告知的内容

网络借贷信息中介机构应当向出借人提示网络借贷的风险和禁止性行为。

(四)风险提示与告知的方式

醒目的方式和经出借人确认。

二、对出借人风险评估

(一)对出借人风险评估义务主体

网络借贷信息中介机构。

(二)风险评估的对象

出借人。

(三)风险评估的内容

对出借人的年龄、财务状况、投资经验、风险偏好、风险承受能力等进行尽职评估。

(四)禁止性行为

不得向未进行风险评估的出借人提供交易服务。

三、合格投资者的设定

《暂行办法》中没有直接规定合格投资者的条件,但是从赋予网络借贷信息中介机构的义务的角度弹性的设定了合格投资者的条件。

网络借贷信息中介机构应当根据风险评估结果对出借人实行分级管理,设置可动态调整的出借限额和出借标的限制。

[合格投资者知识扩展]

一、什么是投资者适当性制度?

投资者适当性制度是规范投资者和证券公司之间权利义务关系的重要制度,是指证券公司向客户提供金融产品或服务时,应确保其所提供的金融产品或服务与特定客户的财务状况、投资目标、知识经验以及风险承受能力等相匹配，不得将高风险产品或服务推荐或销售给低风险承受能力的客户而导致客户利益受损。本质上投资者适当性制度就是投资者保护制度。

二、我国投资者适当性制度

2009年10月成立的创业板，是我国最早全面实施投资者适当性制度的市场。创业板由于上市公司规模相对小，多处于创业或成长初期，发展相对不成熟，虽然上市公司的快速成长可能获得高收益，但风险也更大。2011年创业板指数跌幅就明显大于其他指数，投资风险由此可见一斑。适合创业板的投资者通常需要在资金、经验和风险承受能力上比一般投资者具备一定优势。在2009年6月发布的《创业板投资者适当性管理暂行规定》中就要求证券公司必须了解投资者身份、财产收入状况、证券投资经验、风险偏好等相关信息，证券公司必须向投资者充分揭示市场风险，并签订《创业板市场投资风险揭示书》；在投资者方面，要求投资者必须如实提供相应信息，否则证券公司可拒绝提供服务。

2010年4月股票指数期货业务和融资融券业务相继推出，这两项业务具有高杠杆特点，专业要求更高、风险更大，也更加不适合一般投资者广泛参与。《股指期货投资者适当性制度实施办法（试行）》中规定上述业务的投资者申请开户时保证金账户可用资金余额不得低于50万元人民币，并通过相关测试，具备累计10个交易日、20笔以上股指期货仿真交易成交记录，或最近三年具有10笔以上商品期货交易的记录。

分析我国已初步建立的投资者适当性制度，具有两大特点，一是针对不同产品或服务的风险特性，规定了相应投资者的资金实力、经验和风险承受能力，明确投资者适当性要求；二是形式上由管理层制定原则性规章，相关交易所制定具体实施和操作办法，行业协会制定执行规范。我国目前的投资者适当性制度依然比较粗糙，细节上还待完善，特别是在立法、制度建设和应用推广上需要加强，而且未能从整体市场合理划分风险等级，形成覆盖金融市场的完善的投资者适当性制度体系。在这方面，境外成熟资本市场的经验值得我们借鉴。

第二十七条　网络借贷信息中介机构应当加强出借人与借款人信息管理，确保出借人与借款人信息采集、处理及使用的合法性和安全性。

网络借贷信息中介机构及其资金存管机构、其他各类外包服务机构等应当为业务开展过程中收集的出借人与借款人信息保密，未经出借人与借款人同意，不得将出借人与借款人提供的信息用于所提供服务之外的目的。

在中国境内收集的出借人与借款人信息的储存、处理和分析应当在中国境内进行。除法律法规另有规定外，网络借贷信息中介机构不得向境外提供境内出借人和借款人信息。

[解读]

本条是根据《指导意见》第17项的规定“网络与信息安全。从业机构应当切实提升技术安全水平，妥善保管客户资料和交易信息，不得非法买卖、泄露客户个人信息。人民银行、银监会、证监会、保监会、工业和信息化部、公安部、国家互联网信息办公室分别负责对相关从业机构的网络与信息安全保障进行监管，并制定相关监管细则和技术安全标准”制定，是对出借人与借款人的信息安全的规定。

一、信息安全的定义

信息安全是指为数据处理系统而采取的技术的和管理的安全保护，保护计算机硬件、软件、数据不因偶然的或恶意的原因而遭到破坏、更改、显露。这里面既包含了层面的概念，其中计算机硬件可以看作物理层面，软件可以看作运行层面和数据层面；又包含了属性的概念，其中破坏涉及可用性，更改涉及完整性，显露涉及机密性。

二、网络信息安全的内容

(1)硬件安全，即网络硬件和存储媒体的安全。要保护这些硬设施不受损害，能够正常工作。

(2)软件安全，即计算机及其网络各种软件不被篡改或破坏，不被非法操作或误操作，功能不会失效，不被非法复制。

(3)运行服务安全，即网络中的各个信息系统能够正常运行并能正常地通过网络交流信息。通过对网络系统中的各种设备运行状况的监测，发现不安全因素能及时报警并采取措施改变不安全状态，保障网络系统正常运行。

(4)数据安全，即网络中存在及流通数据的安全。要保护网络中的数据不被篡改、非法增删、复制、解密、显示、使用等。它是保障网络安全最根本的目的。

三、信息安全的风险

(一)计算机病毒的威胁

随着互联网技术的发展、企业网络环境的日趋成熟和企业网络应用的增多。病毒感染、传播的能力和途径也由原来的单一、简单变得复杂、隐蔽,尤其是互联网环境和企业网络环境为病毒传播、生存提供了环境。

(二)黑客攻击

黑客攻击已经成为近年来经常出现的问题。黑客利用计算机系统、网络协议及数据库等方面的漏洞和缺陷,采用后门程序、信息炸弹、拒绝服务、网络监听、密码破解等手段侵入计算机系统,盗窃系统保密信息,进行信息破坏或占用系统资源。

(三)信息传递的安全风险

企业和外部单位,以及国外有关公司有着广泛的工作联系,许多日常信息、数据都需要通过互联网来传输。网络中传输的这些信息面临各种安全风险,如(1)被非法用户截取从而泄露企业机密;(2)被非法篡改,造成数据混乱、信息错误从而造成工作失误;(3)非法用户假冒合法身份,发送虚假信息,给正常的生产经营秩序带来混乱,造成破坏和损失。因此,信息传递的安全性日益成为企业信息安全中重要的一环。

(四)身份认证和访问控制存在的问题

企业中的信息系统一般供特定范围的用户使用,信息系统中包含的信息和数据也只对一定范围的用户开放,没有得到授权的用户不能访问。为此各个信息系统中都设计了用户管理功能,在系统中建立用户、设置权限、管理和控制用户对信息系统的访问。这些措施在一定程度上能够加强系统的安全性。但在实际应用中仍然存在一些问题。如部分应用系统的用户权限管理功能过于简单,不能灵活实现更详细的权限控制。各应用系统没有一个统一的用户管理,使用起来非常不方便,不能确保账号的有效管理和使用安全。

四、维护信息安全的对策

(一)安全技术

为了保障信息的机密性、完整性、可用性和可控性,必须采用相关的技术手段。这些技术手段是信息安全体系中直观的部分，任何一方面薄弱都会产生巨大的危险。因此，应该合理部署、互相联动，使其成为一个有机的整体。

（二）安全管理

只有建立完善的安全管理制度，将信息安全管理自始至终贯彻落实于信息系统管理的方方面面，企业信息安全才能真正得以实现。具体技术包括以下几个方面：

（1）开展信息安全教育，提高安全意识。员工信息安全意识的高低是一个企业信息安全体系是否能够最终成功实施的决定性因素。据不完全统计，信息安全的威胁除了外部的（占20%），主要还是内部的（占80%）。在企业中，可以采用多种形式对员工开展信息安全教育，例如，可以通过培训、宣传等形式，采用适当的奖惩措施，强化技术人员对信息安全的重视，提升使用人员的安全观念；有针对性地开展安全意识宣传教育，同时对在安全方面存在问题的用户进行提醒并督促改进，逐渐提高用户的安全意识。

（2）建立完善的组织管理体系。完整的企业信息系统安全管理体系首先要建立完善的组织体系，即建立由行政领导、IT技术主管、信息安全主管、系统用户代表和安全顾问等组成的安全决策机构，完成制定并发布信息安全管理规范和建立信息安全管理组织等工作，从管理层面和执行层面上统一协调项目实施进程。克服实施过程中人为因素的干扰，保障信息安全措施的落实以及信息安全体系自身的不断完善。

（3）及时备份重要数据。在实际的运行环境中，数据备份与恢复是十分重要的。即使从预防、防护、加密、检测等方面加强了安全措施，也无法保证系统不会出现安全故障，应该对重要数据进行备份，以保障数据的完整性。企业最好采用统一的备份系统和备份软件，将所有需要备份的数据按照备份策略进行增量和完全备份。要有专人负责和专人检查，保障数据备份的严格进行及可靠、完整性，并定期安排数据恢复测试，检验其可用性，及时调整数据备份和恢复策略。目前，虚拟存储技术已日趋成熟，可在异地安装一套存储设备进行异地备份，不具备该条件的，则必须保证备份介质异地存放，所有的备份介质必须有专人保管。

五、信息安全的方法

从信息安全属性的角度来看，每个信息安全层面具有相应的处置方法。

(1)物理安全,是指对网络与信息系统的物理装备的保护,主要的保护方式有干扰处理、电磁屏蔽、数据校验、冗余和系统备份等。

(2)运行安全,是指对网络与信息系统的运行过程和运行状态的保护,主要的保护方式有防火墙与物理隔离、风险分析与漏洞扫描、应急响应、病毒防治、访问控制、安全审计、入侵检测、源路由过滤、降级使用以及数据备份等。

(3)数据安全,是指对信息在数据收集、处理、存储、检索、传输、交换、显示和扩散等过程中的保护,在数据处理层面保障信息依据授权使用,不被非法冒充、窃取、篡改、抵赖,主要的保护方式有加密、认证、非对称密钥、完整性验证、鉴别、数字签名和秘密共享等。

(4)内容安全,是指对信息在网络内流动中的选择性阻断,以保证信息流动的可控能力,主要的处置手段是密文解析或形态解析、流动信息的裁剪、信息的阻断、信息的替换、信息的过滤以及系统的控制等。

(5)信息对抗,是指在信息的利用过程中,对信息真实性的隐藏与保护,或者攻击与分析,主要的处置手段是消除重要的局部信息、加大信息获取能力以及消除信息的不确定性等。

六、信息安全的基本要求

(一)数据的保密性

由于系统无法确认是否有未经授权的用户截取网络上的数据,这就需要使用一种手段对数据进行保密处理。数据加密就是用来实现这一目标的,加密后的数据能够保证在传输、使用和转换过程中不被第三方非法获取。数据经过加密变换后,将明文变成密文,只有经过授权的合法用户使用自己的密钥,通过解密算法才能将密文还原成明文。数据保密可以说是许多安全措施的基本保证,它分为网络传输保密和数据存储保密。

(二)数据的完整性

数据的完整性是数据未经授权不能进行改变的特征,即只有得到允许的人才能修改数据,并且能够判断出数据是否已被修改。存储器中的数据或经网络传输后的数据,必须与其最后一次修改或传输前的内容形式一模一样。其目的就是保证信息系统上的数据处于一种完整和未受损的状态,使数据不会因为存储和传输的过程,而被有意或无意的事件所改变、破坏和丢失。系统需要一种方法来确认数据在此过程中没有改变。这种改变可能来源于自然灾害、人的有意和无意行为。显然保证数据的完整性仅用一种方法是不够的,应在应用数据加密技术的基础上,综合运用故障应急方案和多种预防性技术,如归档、备份、校验、崩溃转储和故障前兆分析等手段实现这一目标。

(三)数据的可用性

数据的可用性是可被授权实体访问并按需求使用的特征,即攻击者不能占用所有的资源而阻碍授权者的工作。如果一个合法用户需要得到系统或网络服务时,系统和网络不能提供正常的服务。这与文件资料被锁在保险柜里,开关和密码系统混乱而不能取出一样。

七、网络借贷信息中介机构对出借人与借款人的信息安全的义务规定

(一)信息安全的义务主体

网络借贷信息中介机构。

(二)信息安全的保护对象

对出借人与借款人信息进行加强管理。

(三)信息加强管理的行为

确保出借人与借款人信息采集、处理及使用的合法性和安全性。

(四)管理的程度

合法性和安全性。

八、出借人与借款人信息保密的规定

(一)保密的义务主体

网络借贷信息中介机构及其资金存管机构、其他各类外包服务机构。

(二)保密的环节

义务主体应当为业务开展过程中收集的出借人与借款人信息保密。

隐私权是《联合国人权宣言》、《公民和政治权利国际公约》认可的基本权利之一,也是我国宪法和民事基本法律制度规定的基本权利之一。19 世纪的美国法官路易斯·布兰代斯(Louis Brandeis)的定义是,隐私是一个人独处的权利。①

① Samuel Warren And Louis Brandies,"The Right to Privacy",*Harvard Law Review*,15 December 1890,Vol. IV,pp. 193 – 220.

其权利性质“是公民享有的私人生活安宁与私人信息依法受到保护，不被他人非法侵扰、知悉、搜集、利用和公开等的一种人格权”。①

在互联网金融中，从个人登记、数据的采集、处理以及应用中，积累了大量的客户个人信息，这些信息极容易被盗取和丢失，甚至被冒用。在利益驱使下，越来越多的机构或个人采取种种手段获取他人信息，加之部分企业保护意识和保护能力不强，导致近年来对个人信息的侵权行为时有发生。

目前我国尚无一部专门的法律对个人信息数据特别是个人金融信息的收集、使用、披露等行为进行规范，立法散乱，呈零星、分散状态，不成体系，目前主要通过宪法和相关法律法规对个人信息进行间接保护。近年来我国加快了个人信息安全保护的立法和修法进程，如《刑法修正案（七）》、《侵权责任法》、《居民身份证法（修订）》等法律都相继出台，民事、行政和刑事责任三位一体的个人信息保护法律框架基本构筑。还有前文所提到的全国人大常委会于2012年12月28日通过的《关于加强网络信息保护的决定》进一步强化了以法律形式保护公民个人信息安全，但这些法律法规仍然过于原则化、抽象化，导致缺乏实际可操作性，并存在规制范围狭窄、公民举证困难等不足。此外，现行“谁主张，谁举证”的司法规则在大数据时代下存在很大的局限性，由于现代信息技术环境下收集和滥用个人用户信息的主体众多、渠道隐蔽、方式先进，导致被侵害合法权益的个人用户举证难度极大，即使最后举证成功，在请求损害赔偿时也很难证明和评估个人的实际损失。

从监管主体来说，必须制定专门针对互联网时代特征的隐私权保护的相关制度，其监管制度立足于保护隐私权的基础之上对各种私人信息的应用。

其内容应包括明确个人数据保护法的适用主体、明确使用个人资料的范围、规定个人资料的搜集主体及其搜集的范围，处理、使用的范围和程序、责任等。

（三）信息用于所提供服务之外条件

经出借人与借款人同意，才可以将出借人与借款人提供的信息用于所提供服务之外的目的。

九、出借人与借款人信息的储存、处理和分析的地域范围

在中国境内收集的出借人与借款人信息的储存、处理和分析应当在中国境

① 张新保著：《隐私权的法律保护》，群众出版社1997年版，第21页。

内进行。

十、不得向境外提供境内出借人和借款人信息的规定

(一)义务主体

网络借贷信息中介机构。

(二)信息主体

出借人和借款人信息。

(三)除外条款

除法律法规另有规定外。

第二十八条 网络借贷信息中介机构应当实行自身资金与出借人和借款人资金的隔离管理,并选择符合条件的银行业金融机构作为出借人与借款人的资金存管机构。

[解读]

对网络借贷信息平台资金存管的规定。明确了存管机构是符合一定条件的银行业金融机构。

一、资金的隔离管理

网络借贷信息中介机构应当实行自身资金与出借人和借款人资金的隔离管理。

二、资金隔离的方式

对出借人与借款人的资金进行存管。

三、存管机构

符合条件的银行业金融机构。

第二十九条 出借人与网络借贷信息中介机构之间、出借人与借款人之间、借款人与网络借贷信息中介机构之间等纠纷,可以通过以下途径解决:

(一)自行和解;

(二)请求行业自律组织调解;

(三)向仲裁部门申请仲裁;

(四)向人民法院提起诉讼。

[解读]

本条是对出借人与网络借贷信息中介机构之间、出借人与借款人之间、借款人与网络借贷信息中介机构之间等纠纷机制的规定，但此规定就是对现有的纠纷解决机制的一个列举，没有实质的针对网络借贷的小额分散特点的纠纷进行规定，这就需要在以后操作过程中针对网络借贷小额、分散、跨区域等特点设计适应网络借贷低成本、效率高的特点的纠纷机制。

一、自行和解

这一解决方式是纠纷当事人之间自行解决，充分发挥意思自治，由纠纷当事人进行协商解决。

二、请求行业自律组织调解

根据《指导意见》第19项规定："加强互联网金融行业自律。充分发挥行业自律机制在规范从业机构市场行为和保护行业合法权益等方面的积极作用。人民银行会同有关部门，组建中国互联网金融协会。协会要按业务类型，制订经营管理规则和行业标准，推动机构之间的业务交流和信息共享。协会要明确自律惩戒机制，提高行业规则和标准的约束力。强化守法、诚信、自律意识，树立从业机构服务经济社会发展的正面形象，营造诚信规范发展的良好氛围。"

行业协会作为一种行业自律组织，是各市场主体之间乃至市场主体与国家机关之间相互沟通的纽带。当同行业经济实体之间以及此行业与彼行业之间发生纠纷时，行业协会的专业优势便显现出来：行业协会调解既能缓解法院压力，节约诉讼资源，又能采用更柔和的手段化解行业纠纷，避免了社会矛盾的激化，也更易于维护和谐、规范的行业秩序。从这个意义上讲，行业协会作为主体解决行业纠纷，有其他纠纷解决机制均不具备的优势，是经济、社会发展的必然趋势。

行业调解是多元化纠纷解决机制的重要组成部分，中国证券业协会（以下简称协会）是国内率先规范开展行业调解的行业自律组织之一。协会纠纷调解机制的内容与特点如下：

（一）协会纠纷调解机制的内容

1. 调解组织机构

协会证券纠纷调解组织机构包括协会证券纠纷调解专业委员会、协会证券纠纷调解中心和各地方证券业协会。证券纠纷调解专业委员会负责证券纠纷调解的专业和重大问题；证券纠纷调解中心负责协会证券纠纷调解的日常组织工作；各地方证券业协会根据协会的委托组织开展调解相关工作。协会调解中心与地方证券业协会建立证券纠纷调解协作机制。具体调解工作可依托地方证券业协会开展。

2. 调解人员

具体参与协会调解的人员包括调解员和协会、各地方证券业务协会的调解工作专员。目前协会调解中心已经遴选了126名行业专家、律师等作为调解员，同时地方证券业也至少指定1名工作人员为调解工作专员。

3. 调解程序

协会调解总体上包括调解申请、调解申请受理、调解实施3个程序。申请人可以通过书面、电子邮件或者通过协会网站调解工作专区提交调解申请。

协会调解总体程序与一般调解相同，不同的是协会调解根据实际需要创设了联合调解、简易调解和普通调解等程序类型。除必须由协会调解中心组织开展的调解外，协会调解中心与地方证券业协会联合开展调解工作；调解实施过程中，首先由协会或地方证券业协会调解专员进行简易调解，简易调解不成功或当事人不接受简易调解的，可选定调解员开展普通调解。

4. 保障机制

协会明确了调解保密原则，逐步建立与司法机关、仲裁机构、公证机构等的对接机制，并研究实施专家论证、调解履行回访制度、会员单位积极推进纠纷调解的责任减免机制等。通过这些措施提高当事人参与调解的积极性，切实保证调解协议的履行。

（二）协会证券纠纷调解机制的特点

协会证券纠纷调解机制具有以下特点：

1. 行业性

协会纠纷调解机制形成于行业，服务于行业，从调解组织机构性质、调解员的组成、调解案件受理范围、联合调解机制、调解统计分析工作等方面看，都具有鲜明的行业性。

2. 专业性

协会证券纠纷调解专业委员会和调解员队伍汇集了大量证券行业精英，具有丰富的证券业务经验，专业性是协会高效、合理地解决证券纠纷的基本保障。

3. 权威性

协会作为行业自律组织，相比与纠纷各方主体几乎没有利害关系的人民调解委员会等调解主体，具有更高的权威性，对于调解协议的达成和履行具有明显的促进作用。

4. 公益性

协会调解源于行业，服务于行业。协会调解相关规则明确，调解坚持公益性原则，对投资者不收取任何费用。

5. 高效性

协会证券纠纷调解机制程序简便、方式灵活、调解期限较短，协会的权威性和专业性也有助于提高纠纷解决的成功率，这些都有利于降低调解成本，提高调解效率。

此外，协会证券纠纷调解机制还具有非诉性、合意性等调解的一般特性。

三、向仲裁部门申请仲裁

《仲裁法》第 2 条规定："平等主体的公民、法人和其他组织之间发生的合同纠纷和其他财产权益纠纷，可以仲裁。"

《仲裁法》第 3 条规定，下列纠纷不能仲裁："（一）婚姻、收养、监护、扶养、继承纠纷；（二）依法应当由行政机关处理的行政争议。"

《仲裁法》第 4 条规定："当事人采用仲裁方式解决纠纷，应当双方自愿，达成仲裁协议。没有仲裁协议，一方申请仲裁的，仲裁委员会不予受理。"

《仲裁法》第 5 条规定："当事人达成仲裁协议，一方向人民法院起诉的，人民法院不予受理，但仲裁协议无效的除外。"

《仲裁法》第 6 条规定："仲裁委员会应当由当事人协议选定。仲裁不实行级别管辖和地域管辖。"

《仲裁法》第 7 条规定："仲裁应当根据事实，符合法律规定，公平合理地解决纠纷。"

《仲裁法》第 8 条规定："仲裁依法独立进行，不受行政机关、社会团体和个人的干涉。"

《仲裁法》第 9 条规定："仲裁实行一裁终局的制度。裁决作出后，当事人就同一纠纷再申请仲裁或者向人民法院起诉的，仲裁委员会或者人民法院不予受理。裁决被人民法院依法裁定撤销或者不予执行的，当事人就该纠纷可以根据双方重新达成的仲裁协议申请仲裁，也可以向人民法院起诉。”

四、向人民法院提起诉讼

诉讼是指人民法院根据纠纷当事人的请求，运用审判权确认争议各方权利义务关系，解决经济纠纷的活动。人民法院是我国司法主体的一大主要系统，它代表国家行使审判权。人民法院体系和管辖人民法院的设置原则是，保证国家审判权能在全国范围内及时和正确地行使；便利上级法院对下级法院进行监督；便利公民参加诉讼活动，便利群众对审判工作进行监督；保证社会主义法制的统一，又能照顾到各地区、各行业的特点。

[纠纷解决机制研究知识拓展]

一、传统司法方式解决网络纠纷面临的难题

一是网络立法空缺。

二是在司法管辖权上存在较大争议。

三是效率问题。通过诉讼解决纠纷往往需要很长时间，一般涉及网络域名纠纷、著作权纠纷、网络游戏虚拟财产纠纷的案子多数都经过二审程序，这与网络经济瞬时性、快捷性的本性相悖，使当事人对诉讼结果失去了原有的期待。

四是专业技术问题。网络本身就是建立在技术之上的，人民法院没有专门的计算机网络、域名、网络游戏、电子商务专家，而在网络纠纷法律空白缺位的情况下，对事实的认定即成为判案的依据，而要将事实认定清楚，一定要有相应的技术专家提供专业意见，这是法官很难做到的。

五是举证难度和成本会增大。网络侵权纠纷中，原告方的重要证据毫无疑问就是侵权方网页上的内容，被告方反驳对方诉讼请求的证据也多来自网页。而由于电子文件的不稳定性、易改性等特点，纠纷双方为保证己方证据的真实性、可靠性，在向法庭提交证据时都会不约而同地采用了公证方式，这就增加了一项新的诉讼成本：公证费。

六是交易主体、交易地点往往难以确定。电子商务交易中，所有信息通过数字化的信号传递，所有的交易协议甚至支付都通过计算机网络以电子数据文件的形式完成，交易主体、交易地点往往难以确定。

七是交易信息具有易改动性和易灭失性同时，以电子数据形式存在的交易信息具有易改动性和易灭失性。这些对以物理空间属地主义为本位的现行法律制度产生了巨大冲击，为网络空间商事纠纷解决中的管辖权确定、法律适用及判决的执行提出了重大挑战，为权利主体寻求公力救济带来了较高的风险。

八是金额较小、交易数量多。网络售假、虚假促销、网络诈骗、质量问题、退换货物、订单取消、发货迟缓、账户被盗和售后服务而产生的交易纠纷。一般来看，这些纠纷往往涉及标的额较小，当出现纠纷后消费者大都希望通过较小的社会成本解决纠纷、希望有专业的第三方积极介入纠纷以及希望申诉能够快速解决，这也符合网络时代快捷、高效的特点。

建立纠纷多元化解机制，既包括传统解决纠纷的诉讼机制，又包括仲裁、调解、行政裁决、行政复议等非诉讼机制。

建立健全电子调解、电子仲裁、电子复议、电子司法、电子信访的体制机制，推动矛盾纠纷多元化解机制主动适应"互联网 +"时代的挑战和要求。

二、在线纠纷解决机制

（一）概述

在线纠纷解决机制（Online Dispute Resolution，ODR）"是一种将计算机信息处理功能与便利的通信网络相结合的诉讼外争议解决模式，是替代性纠纷解决方式（Alternative Dispute Resolution，ADR）在网络空间的运用"。

ODR 是指涵盖所有网络上由非法庭但公正的第三人，解决企业与消费者间因电子商务契约所生争执的所有方式。

ODR 主要运用 AD 的纠纷解决方法，通过在线协商、在线调解、在线仲裁、在线投诉等方式解决在线纠纷。

（二）特点

第一，满足了人们低成本纠纷解决的需求；

第二，真正实现了纠纷解决的快捷性；

第三，回避了确定管辖权的麻烦；

第四，通过计算机屏幕进行电子化信息的交换，可以非常容易地隐瞒性别、年龄、肤色等特征，有效地防止来自这些外观特征上的歧视。

(三)缺陷

一是关于ODR的权威性问题。ODR是以业界自律为基础形成的在线纠纷解决机制,依赖企业与消费者之间的信任关系,并且目前提供ODR机制的网站机会几乎都是私人性的非营利机构。因此,ODR的权威性不是依赖国家强制力介入,完全取决于ODR长期形成的信任关系,并且ODR形成的纠纷解决结果能否得到主权国家的承认难以定论,这就导致ODR权威性大打折扣。

二是关于ODR的有效性问题。ODR机制是以自愿和意思自治为基础的,企业和消费者是否愿意通过ODR解决纠纷,以及把纠纷提交哪一个ODR机构解决,ODR程序是否需要继续下去,甚至即便有了纠纷解决结果,是否按照结果要求去执行,完全取决于当事人的自愿。因此,在ODR有效性问题难以得到解决时,公众也会逐步对其丧失信心。

三是关于ODR的安全性问题。ODR是利用互联网虚拟空间和在线工具实现纠纷解决,安全性和机密性成为公众担心的问题。ODR运行中形成的电子信息也可能成为黑客或者其他不相关及未经授权的第三人通过科技手段获取、使用,甚至加以破坏,安全性和当事人的隐私能否得到保护直接关系ODR发展。

四是关于ODR的可用性问题。ODR的运行完全依靠互联网和信息科技技术,以及经济社会发展为公众提供的可资利用在线服务,并且公众的观念、习惯也都决定ODR能否为公众可接近、利用。

(四)建议

1. 观念衔接

2. 制度衔接

ODR运用中由于不受时空限制,跨越国家权力的羁绊,以企业和消费者自律为主导,这就为纠纷解决免除了管辖、适用法律、参与等方面的诸多障碍。这既是ODR的优势和特色所在,也是缺陷和不足之处。

因此,要解决ODR面临的制度障碍,有必要通过立法的形式确认私营企业或者民间组织组建的ODR机构及其服务的法律地位,同时按照适度标准赋予ODR裁决的效力。

人民法院能否按照确认人民调解组织作出的调解协议效力方式,通过司法确认方式对待ODR裁决效力,从而确保ODR机构作出裁决得到承认和执行。

对于电子商务中企业以格式条款排除或者限制消费者权利、加重消费者责任等对消费者不公平、不合理的约定，以及电商企业提出的强制性约定管辖条款，要在立法中或者司法实践中加以明确，从而为营造公平、公正、公开的电商环境提供制度保障。

3. 机制衔接

当前作为电商企业监管部门的工商局商务局、工信部等应加强监管，引导、规范和监督 ODR 机制的应用。ODR 的发展离不开政府的支持、引导、规范和监管，特别是要确保监管部门的机制衔接和运行通畅。

监管部门要推动电子商务的行业自治，建立 ODR 的规范和标准，如设立 ODR 网站的主体资格、ODR 从业人员的资格，保证 ODR 中立、公正、高效运行的程序规则，ODR 的收费标准以及 ODR 网站欺诈、违约、侵权的法律责任等。

当前，大量网上购物纠纷并没有通过 ODR 加以解决，而是转向监管部门投诉，应当处理好监管部门的投诉处理与 ODR 处理之间的机制衔接。监管部门对举报投诉的处理属于我国纠纷多元化解机制的范畴，这就涉及 ODR 裁决效力与矛盾纠纷多元化解机制处理效力的转化和对接。

同时，对于网上购物纠纷的投诉，不同监管部门在办理举报投诉过程中也要做好监管机制的衔接，从而确保在线纠纷得到及时解决。

三、电子调解

（一）人民调解的概述

人民调解组织是化解矛盾纠纷的基层组织，长期以来处于解决人民群众矛盾纠纷的最前沿，主要受理的是传统型矛盾，如婚姻家庭、邻里、宅基地和生产经营纠纷。

（二）电子调解

调解电子化或者电子调解是依托互联网平台通过运用 QQ、电子邮件、可视视频等工具，对民间纠纷进行网上虚拟调解的网上调解平台。

电子调解或者网上调解、在线调解是人民调解组织的调解员通过网上调解平台对民间纠纷进行的“虚拟调解”，是为当事人最终签署人民调解协议、解决矛盾纠纷所做的前期工作。因网络具有虚拟性，“虚拟调解”形成的调解协议不能作为最终的调解依据和结果，不具有法律约束力。

（三）电子调解的程序

电子调解基本的运行过程大致包括网上申请、网上审核、网上告知、网上受理、网上办理、网上发布裁定等网上调解步骤。

近年来，除了人民调解组织可以应用电子化方式开展调解工作，行政调解、司法调解也都尝试采用电子化方式调解解决纠纷。

电子调解主要是利用电子化工具开展调解工作，为当事人提供一个经济、方便、快捷、有效、对抗性弱、监督力度大的维护自身权利、解决矛盾纠纷的途径而已。

2012 年 12 月 20 日国内首个电子商务调解中心——中国贸促会中国国际商会电子信息行业分会电子商务调解中心在北京成立，标志着我国电子商务争议调解工作拥有了新的实体平台，对促进电子商务持续健康发展具有重要意义。

四、电子仲裁

（一）电子仲裁的概述

仲裁是人民法院诉讼之外的解决民商事纠纷的重要而有效的途径。

电子仲裁，就是利用电子邮件、网上聊天室、视频会议系统等现代信息技术方式，将仲裁程序的全部或主要环节在互联网上进行而形成的完整体系。

即在线仲裁是利用网络信息和电信技术，将常规仲裁程序中仲裁机构、仲裁员和当事人之间信息的处理和交换、仲裁文书及证据资料的提交与传递等在尽量不损害其原有法律内涵的前提下，将传统的纸面文书信息处理与交换改为以电子方式通过互联网数字化地进行，从而实现"无纸仲裁"。同时，利用同步网络聊天技术如聊天室及远程通信手段如网络视频会议等实现案件的网上虚拟庭审及仲裁员之间的网上虚拟合议等其他程序性事项。

在线仲裁与传统仲裁相比在法律的适用上并没有区别，只是在其裁决过程中在线仲裁使用了各方认可的互联网技术，在仲裁过程中表现出了仲裁空间的虚拟性。

（二）具体运行过程

在线仲裁中，向仲裁庭提出仲裁申请、立案、答辩或者反请求、仲裁员的指定和仲裁庭的组成、仲裁审理和仲裁裁决的作出，主要都在互联网上进行。

(三)取证

在线仲裁所有的仲裁程序、取证过程以及仲裁资料都可以在线进行并借助电子化的形式来表现。

(四)《网上仲裁规则》

1. 适用范围

2009年5月1日中国国际经济贸仲裁委员会开始施行《网上仲裁规则》,2014年11月4日《网上仲裁规则》经中国国际贸易促进委员会和中国国际商会修订并批准,自2015年1月1日起施行。

该规则明确规定:“其适用于解决电子商务争议,也可适用于解决当事人约定适用本规则的其他经济贸易争议。”该规则创造性地明确了仲裁协议可以采用电报、电传、传真、电子数据交换和电子邮件等各种形式签订,并承认了电子签名,采用可靠电子签名的电子证据与经手写签名或盖章的文件具有同等的效力,如此一来,仲裁各方当事人从仲裁协议的达成到各种证据的提交均可以通过网络进行,而不必亲往,真正做到了在线仲裁。

国际经济贸易仲裁委员会网上仲裁业务是我国首次开展网上仲裁,这也是为适应不断深化改革和适应国际仲裁发展的需要而进行的变化,但其在组建时并不以解决网络销售纠纷为目的。

2. 存在问题

首先,从受理范围来看,《网上仲裁规则》受理范围仅局限在域名抢注纠纷、通用网址抢注纠纷、无线网址抢注纠纷和短信网址抢注纠纷等域名争议而非普通的网络销售纠纷。

其次,从收费标准来看,《网上仲裁规则》规定:“对于争议金额在10万以下,其收费标准是争议金额5%,最低不少于4000元。”收费最低4000元的标准显然阻止了当下网络销售中绝大多数争议额较小的消费者。

最后,从仲裁启动的形式来看,《网上仲裁规则》规定:“当事人在合同中约定仲裁条款,或者以其他方式达成的提交仲裁的书面协议。”

(五)电子仲裁存在问题

1. 电子仲裁协议效力问题

所谓电子仲裁协议,“主要是指当事人通过电子数据交换和电子邮件达成或者证明的,将争议提交仲裁(包括在线仲裁和线下仲裁)的协议或协议中的仲裁条款"。与传统仲裁协议相比,电子仲裁协议的有效性受到现行《仲裁法》的挑战,电子仲裁协议的效力问题也受到质疑。

事实上,与传统仲裁协议相比,电子仲裁协议无论是在形式要件还是实质要件方面都与现行《仲裁法》的规定存在错位或脱节,必须加以协调和衔接。

除此之外,电子仲裁的程序、电子仲裁裁决的执行、电子仲裁的法律地位等问题都将成为电子仲裁今后发展必须面对并加以解决的问题,否则必将影响电子仲裁的广泛运用。

2. 需要明确的问题

一是应当明确承认数据形态的电子仲裁协议的合法性;

二是应该明确承认仲裁过程中各项通知的书面形式可以是为电子数据形态;

三是应该明确各项证据的传输可以采用电子传输形式;

四是允许以网络视频会议等方式开庭审理;

五是允许当事人在不违背强行性规则的前提下自由约定仲裁程序规则。

五、电子复议

(一)电子复议概述

行政复议作为解决行政纠纷的化解机制,在信息化和互联网的冲击和影响下,可以借助电子化方式进行处理。

电子复议是一套包括远程审理、网络直播、电子送达、电子证据、电子签章系统等在内的完整体系,电子复议是一场行政复议方式的革命,并且将深刻地影响和改变行政复议的理念和公众的法治意识。

(二)电子复议程序

电子复议的运行程序是将提交申请、受理、审理、决定、送达、执行、决定公开等全部或者部分放在互联网上进行。

由于行政复议大多采取书面审理的方式,这为行政复议实现电子化创造了条件。

(三)存在问题

申请人的判断、电子证据的提交与核实、行政复议审理程序、行政复议决定做出、行政复议电子送达、行政复议决定书的公开等，都需要结合《行政复议法》等法律规定加以明确。

六、电子司法

电子司法是指司法活动的数字化和电子化，主要依赖于电子信息的形式呈现司法活动的法律场景。

实践中，与电子司法称谓和内涵相近的还有电子诉讼、电子法庭、电子法院等。所谓“电子诉讼”，即诉讼材料和诉讼行为的电子化，将诉状、证据、裁判文书等实体诉讼材料全部转化为可在网络和终端上传递、阅看的电子数据，使起诉、应诉、审理等诉讼行为通过网络和终端得到有效的演绎和实施，实现全程在线处理案件、化解纠纷的一种新型诉讼模式。

诉讼法或其司法解释应该要对电子数据形态的法律文书的合法性作出明确的承认，对电子形式传输的证据的合法性予以明确的承认，允许采用网络视频技术进行开庭审理。

电子法庭，也称为虚拟法院、无纸化法院或“安全数字化程序”，是一个无需实际法院建筑的纠纷解决机构，它运用信息技术在虚拟空间设置网站，通过数字技术等进行诉讼程序。

司法实践中，我国电子司法运用方式主要包括远程审判、网络直播、电子证据、电子送达、执行案件信息管理系统、电子签章等。

2015 年 6 月 19 日吉林电子法院在吉林全省全面开通应用，标志着国内首家“全业务覆盖、全天候诉讼、全流程公开、全方位融合”电子法院的建立。

“全业务”是指电子法院从立案、质证、开庭、审理、执行、信访等法院工作业务。

“全天候”是指通过电子法院平台立案、质证等诉讼环节可 24 小时在线进行，完全摆脱时间和空间限制。

“全流程”是指电子法院通过对诉讼活动的实时记录、全程留痕、动态跟踪，集合网上立案、网上审理、网上执行、网上拍卖、网上信访、网上阅卷、网上公开等办案全流程公开。

“全方位”指电子法院适用案件类型，包括一审、二审民事、行政诉讼案件，并向简单刑事案件等不断扩展。应当说，吉林电子法院不再是对法院信息化建设的“小修小补”,而是法院审判方式和工作方式的一场深刻变革,有助于提升法院工作整体水平。

电子司法在降低司法成本、高效便捷地解决纠纷、提高司法透明度、延伸司法职能空间、加强司法监督等方面优势和作用明显。

七、电子信访

电子信访是指信访部门在互联网上建设的为人民群众向党委和政府反映情况、提供网上投诉或建议、投诉请求、结果查询的信访服务平台,是党委和政府了解社情民意的快速通道。电子信访是非常便捷的信访方式,它不受时间、空间、人数的限制,它的信访成本是最低的、速度是最快的,是传统信访方式的重要补充。

只要是实名信访,无论是投诉还是建议,批评还是举报,只需安坐家中轻点鼠标就能轻松解决。电子信访免除了信访人来回奔波之苦,减轻了地方政府担负的沉重接访任务,也缓解了包括法院在内的所有信访接待机关的信访接待压力。

同时,电子信访都是在网上进行,案件数据库存储了信访案件案由、信访频次、是否化解等情况,信访化解人员只要点击信访接访按钮,即可调取情况,及时开展化解工作,及时有效了解信访化解情况,避免信访信息失真。因此,今后有必要加大电子信访的运用力度,尽可能地运用网上受理、网上审核、网上处理、远程接访、网上答复、电子送达等多种方式开展电子信访工作。

八、民间型纠纷解决机制

民间型纠纷解决机制可以区分为两种:

第一种是通过完全独立的民间第三方介入而解决纠纷的机制。这种机制在我国尚处初浅的探索阶段。

第二种是通过具有牵连关系的民间第三方介入而解决纠纷的机制。这种网络交易平台提供的纠纷解决机制具有以下特点:

(1)民间性。裁决主体是网络交易平台,它与交易各方同属于平等的民事主体,基于和交易各方的服务协议受委托而获得裁决的资格。而且,其裁判所依据的规则也主要是自行制定的。正因为如此,其裁判结论不具有当然的法律效力,如果投诉方或被投诉方不服网络交易平台的处理,可以起诉或申请仲裁,以获得具有法律效力的裁决。

(2)方便快捷性。纠纷各方和裁判方均不必面见,投诉、陈述、辩论及举证等一系列活动都可以由各方在其本地上网完成,无须缴纳任何费用,短短几天就可以作出裁判。纠纷解决时间金钱成本低,而效率较高。

(3)一定的强制性。虽然网络交易平台是民间商业组织,但基于服务协议,它享有对平台上的交易各方的一定管理权限。当裁判结论是的确存在违规的行为,网络交易平台强行采取的处理措施对违规方将产生不利的影响,最严厉的处理是永久性禁止登陆和交易,这将使被处罚的交易方失去在该平台进行交易的资格。

(4)利益的关联性。必须注意,作为裁判方的网络交易平台的裁判方,其并非利益无涉的中立第三方,它们担当裁判者的首要目的是维护平台的利益,其次才是维护交易方的利益

(5)对交易方利益保护的局限性。从淘宝网的投诉规则来看,处理结果除了退回货款这项,其他强制措施基本上都属于对违规交易方的管理性处罚,而欠缺对双方利益的衡平。

九、制度完善建议

(一)修改《网上仲裁规则》,适应小额网络交易纠纷案件的需求

在2009年《网上仲裁规则》和2015年1月1日启用的新《网上仲裁规则》中,都在一些条款上限制了小额网络纠纷使用在线仲裁。因此,要使网上仲裁在解决网络交易纠纷中发挥更大的作用就要在规则上形成新的突破。

(二)优化仲裁选择程序,扩大实际受案范围

从2015年《网上仲裁规则》规定来看,在线仲裁依然延续了线下仲裁在启动仲裁时需满足合同中有仲裁条款或达成仲裁协议的规定。从新旧两份《网上仲裁规则》来看,两者都将受案范围规定为"其适用于解决电子商务争议,也可适用于解决当事人约定适用本规则的其他经济贸易争议",但在实际受案中只限于域名争议,这使在线仲裁实际上从一开始就拒绝了一般网络纠纷的选择。因此,在线仲裁应从实际受案范围上适应网络交易纠纷的需求,不断扩大受案范围。

(三)放宽资费门槛,设置解决小额争议

纠纷的简易程序。从新《网上仲裁规则》来看,在线仲裁服务的对象依然主

要针对大额交易诉讼和涉外诉讼。在线仲裁最低收费为 4000 元,这使小额交易纠纷大都不会选择在线仲裁。

在这种规定下无论是从资费标准还是办案程序,在线仲裁都没有为小额争议设置专门的环节,这样就使网络交易中金额相对较小,又希望通过仲裁解决纠纷的消费者丧失了使用在线仲裁的条件。

(四)引入在线调解和申诉平台,整合消协和工商部分职能

从严格意义上说,我国现阶段还不具有真正意义上的线上调解和申诉平台,长期以来"12315"综合服务平台一直是我国进行调解和接受申诉的进入端口,该平台为解决传统交易纠纷做出了很大贡献。

但面对大量的网络交易纠纷,专为线下解决交易纠纷所设计的"12315"综合服务平台与网络时代交易程序不断被简化以及高效率相比,却表现出了程序过于复杂,与工商行政机关存在调解职能重复和缺乏必要的在线取证手段以及无法脱离工商机关属地管辖原则的束缚等问题。

(五)建立高效、负责的网络交易平台客服服务管理体系

从实践来看,我们认为网络客服是解决当下网络交易纠纷不断增长的首要方法。广大消费者在产生纠纷后,往往会首先选择所在交易平台的网络客服进行投诉。这种方式与调解、申诉、仲裁以及诉讼相比,最为快捷和节约成本。

当纠纷发生后应由第三方平台首先处理并赔付之后再进行追偿,这样既可以增加第三方交易平台的责任,也可以加强第三方交易平台对实际经营者的监管,杜绝假货和残次品。

第五章 信息披露

本章根据《指导意见》对网络借贷信息中介机构和借款人的信息披露义务的规定。

《指导意见》第 15 项规定:"信息披露、风险提示和合格投资者制度。从业机构应当对客户进行充分的信息披露,及时向投资者公布其经营活动和财务状况的相关信息,以便投资者充分了解从业机构运作状况,促使从业机构稳健经营和控制风险。从业机构应当向各参与方详细说明交易模式、参与方的权利和义务,并进行充分的风险提示。要研究建立互联网金融的合格投资者制度,提升投资

者保护水平。有关部门按照职责分工负责监管。”

本章从第30条至第32条共3条对相关主体进行了信息披露的规定。

一、信息披露概述

信息披露,又称信息公开,是指网络借贷信息中介机构、借款人、出借人等相关负有信息披露义务的人在进行网络借贷过程中,按照法定或约定要求将应该披露的必要信息的活动。信息披露制度即信息披露相关规定的总和,它是规定信息披露义务人相信披露的时间、方式、原则、内容、程序等一整套行为规范和活动准则的总称。

二、信息披露制度的意义

信息披露是网络借贷活动相关当事人的权益保护的基础,也是实现对网络借贷信息中介机构实行自律监管为主,行政监管为辅的基石。美国法官路易斯·布兰戴斯在“Other People's Money”一书中揭示了信息披露的哲学思想,“阳光是最好的防腐剂,街灯是最好的夜警”。可见,信息披露制度意义重大。信息披露能够防止出借人和网络借贷信息中介机构信息滥用和欺诈行为;有助于出借人作出出借资金的判断;便于监管机构加强管理,督促检查信息披露义务人披露的信息达到《暂行办法》的要求。

完全信息披露监管理论认为信息虚假、欺诈行为在完全信息披露制度下无立足之地,信息高度透明,足以满足网络借贷的出借人作出投资判断的要求,因此出借人投资需风险自担,政府监管部门的主要职责只是保证证券发行人真实、准确、完整及时地公开披露其证券的各种相关信息,维护市场有序运转。完全信息披露制度理念下的信息披露制度,是比较成熟和完善的自由有效市场经济下,政府对证券市场最低程度限制和干预的证券监管理想模式。

三、信息披露的基本要求

信息披露的基本要求是衡量信息披露义务人信息披露的基本尺度,偏离这一尺度,就要对其行为造成的损害承担法律责任,或者说使其行为在法律上无效。

根据《暂行办法》和相关部门等规定,依法披露的信息,必须真实、准确、完整,不得有虚假记载、误导性陈述或者重大遗漏。违反《暂行办法》和相关部门等规定致使出借人在出借资金过程中遭受损失的,相关责任人应当承担赔偿责任。

信息披露的基本要求是真实性、准确性、完整性和及时性。

(一)真实性原则

“真实性原则是指披露信息应以客观事实或在事实基础上的分析判断为基础,以没有扭曲和不加粉饰的方式,再现和反映真实状态。对发布的信息不存在虚假陈述、不合理评价、夸张性描述或恭维性的评价。”①从上面关于真实性的定义中可以得出信息披露内容分为两大类:描述性信息和判断性信息,这两类信息的真实性判断标准不同。其中描述性信息是对已经发生的客观事实的描述,因此只要与客观事实相一致,就符合真实性原则的要求,这种信息是已然的、静态的,其真实性往往易于观察,容易判断;而判断性信息是根据客观事实加上逻辑推理得出的预测结果,这种信息要符合真实性原则的要求,既要有客观事实基础,同时要符合明确的逻辑关系,这种信息是未然的、动态的,其真实性难以观察和判断。

真实性原则是信息披露活动所要遵循的首要原则。信息披露制度建立的最大目的就是将真实信息呈现在出借人面前,以便出借人根据真实信息作出理性判断,这样出借人承担投资的风险和收益才符合公平原则。

(二)准确性原则

准确性原则是指披露信息时必须用精确不含糊的语言表达其含义,在内容与表达方式上不得使人误解。② 同真实性原则对信息披露内容的强调不同,准确性原则主要侧重于披露信息的表达方式。因为信息披露的实质就是信息传递,而任何信息的传递都需要载体,信息披露的载体就是语言文字,而语言具有多义性、表达具有多样性。因此必须对信息披露义务披露信息时科以准确性的要求。

准确性原则要求信息披露义务人不得为了达到推卸法律责任的目的,故意或者过失地使用正常理性的出借人产生出借资金误解的语言,涉及各类信息资料披露中的测算和描述不得含有含糊其辞、模棱两可的语句。当然《暂行办法》不可能要求信息披露义务人作出符合所有人语言习惯和理解能力的准确性描述,信息披露的准确性应从是否会给“一般理性的出借人”造成出借误解为衡量

① 万建华主编:《证券法学》(第2版),北京大学出版社2013年版,第191页。
② 齐斌著:《证券市场信息披露法律监督》,法律出版社2000年版,第116页。

尺度。①

对于准确性的要求应该包含以下内容:

1. 要式性

为了保证信息公开的准确性,确切地传达有关信息,信息公开义务人应该按照法定的事项、范围和格式进行,只有按照法定标准进行信息公开才能达到准确的要求,才能让投资者不致被纷繁复杂的信息所困扰。

2. 易解性

信息公开义务人公开的文件应当容易为投资者所解读。信息公开的目的是向投资者传递用以投资判断的信息,确保投资者了解有关信息是信息公开的关键所在。如果所公开的文件资料信息冗长,语言晦涩难懂,技术性用语过多,甚至故弄玄虚等,将会干扰投资者的投资决策判断,影响信息公开制度的功能,降低信息公开制度的功效。因此,信息公开制度的准确性要求公开信息的语言应该简单明了,尽量使用简短的句子,采用社会通常使用的语言,尤其是投资者阅读频率高的部分应该保证用语清楚准确、简练明了和容易读懂。②

(三)完整性原则

完整性原则也称充分性原则或全面性原则,是指信息披露义务主体在披露信息时必须将所有可能影响出借人决策的信息进行披露;在披露某一具体信息时,必须对该信息的所有方面进行周密、全面、充分的揭示。完整性并不要求借款人将其所有信息全部予以公开,《合同法》和《暂行办法》规定,信息披露是将所有可能影响出借人决策的信息全面公开,并且不得有重大遗漏、误导性和虚假陈述。

(四)及时性原则

及时性原则是指信息披露义务主体在披露信息时,一方面要做到以最快的速度公开其信息,即一旦发生影响出借人决策的情况变动,信息披露义务主体应当立即向社会公众公开其变化细节;另一方面,信息披露义务主体应当保证所公开披露的信息处于最新状态,不能给社会公众以过时的、陈旧的信息。③

---

① 万建华主编:《证券法学》(第2版),北京大学出版社2013年版,第192页。

② 李爱君主编:《证券法学》,对外经济贸易大学出版社2014年版,第29页。

③ 齐斌著:《证券市场信息披露法律监督》,法律出版社2000年版,第118页。

及时性原则是信息的本质特性所决定的，因为任何有价值的信息都具有时效性的，如果证券发行人所披露的信息已经过时，那对于披露的信息作出出借决策的出借人来说将是没有任何意义的为保证及时性原则得到贯彻执行，法律对一些信息披露事项有明确的时间限制，例如，《证券法》规定，年度报告必须在每一会计年度结束之日起四个月内，向国务院证券监督管理机构和证券交易所报送，并予以公告；发生可能对上市公司股票交易价格产生较大影响的重大事件，投资者尚未得知时，上市公司应当立即向国务院证券管理机构和交易所报送报告并予以公告。

第三十条　网络借贷信息中介机构应当在其官方网站上向出借人充分披露借款人基本信息、融资项目基本信息、风险评估及可能产生的风险结果、已撮合未到期融资项目资金运用情况等有关信息。

披露内容应符合法律法规关于国家秘密、商业秘密、个人隐私的有关规定。

[解读]

本条规定的是网络借贷信息中介机构对出借人披露借款人信息的义务，规定了披露的发式、披露的内容及披露内容的合法性。

一、披露信息的义务主体

网络借贷信息中介机构。

二、披露的方式与内容

应当在其官方网站上向出借人充分披露借款人基本信息、融资项目基本信息、风险评估及可能产生的风险结果、已撮合未到期融资项目资金运用情况等有关信息。

三、披露内容的合法性

披露内容应符合法律法规关于国家秘密、商业秘密、个人隐私的有关规定。披露信息的合法性是指网络借贷信息中介机构的信息披露一定不能违反《刑法》、《宪法》、《侵权责任法》等法律法规中国家秘密、商业秘密、个人隐私的有关规定。

（一）国家秘密

《宪法》第53条规定："中华人民共和国公民必须遵守宪法和法律，保守国家秘密,爱护公共财产,遵守劳动纪律,遵守公共秩序,尊重社会公德。”

《刑法》第398条规定:“国家机关工作人员违反保守国家秘密法的规定,故意或者过失泄露国家秘密,情节严重的,处三年以下有期徒刑或者拘役;情节特别严重的,处三年以上七年以下有期徒刑。非国家机关工作人员犯前款罪的,依照前款的规定酌情处罚。”

(二)商业秘密

《刑法》第219条规定,有下列侵犯商业秘密行为之一,给商业秘密的权利人造成重大损失的,处三年以下有期徒刑或者拘役,并处或者单处罚金;造成特别严重后果的,处三年以上七年以下有期徒刑,并处罚金:“(一)以盗窃、利诱、胁迫或者其他不正当手段获取权利人的商业秘密的;(二)披露、使用或者允许他人使用以前项手段获取的权利人的商业秘密的;(三)违反约定或者违反权利人有关保守商业秘密的要求,披露、使用或者允许他人使用其所掌握的商业秘密的。”“明知或者应知前款所列行为,获取、使用或者披露他人的商业秘密的,以侵犯商业秘密论。本条所称商业秘密,是指不为公众所知悉,能为权利人带来经济利益,具有实用性并经权利人采取保密措施的技术信息和经营信息。本条所称权利人,是指商业秘密的所有人和经商业秘密所有人许可的商业秘密使用人。”

(三)个人隐私

《宪法》第38条规定:“中华人民共和国公民的人格尊严不受侵犯.禁止用任何方法对公民进行侮辱,诽谤,诬告陷害。”

《侵权责任法》第2条规定:“侵害民事权益,应当依照本法承担侵权责任。本法所称民事权益,包括生命权、健康权、姓名权、名誉权、荣誉权、肖像权、隐私权、婚姻自主权、监护权、所有权、用益物权、担保物权、著作权、专利权、商标专用权、发现权、股权、继承权等人身、财产权益。”

《刑法》第253条之一规定:“国家机关或者金融、电信、交通、教育、医疗等单位的工作人员,违反国家规定,将本单位在履行职责或者提供服务过程中获得的公民个人信息,出售或者非法提供给他人,情节严重的,处三年以下有期徒刑或者拘役,并处或者单处罚金。窃取或者以其他方法非法获取上述信息,情节严重的,依照前款的规定处罚。单位犯前两款罪的,对单位判处罚金,并对其直接负责的主管人员和其他直接责任人员,依照各该款的规定处罚。"

四、信息披露的方式

信息披露的方式从披露的途径角度,信息披露的方式可分为公布或公开、备案、置备和章程约定的其他方式。

第三十一条　网络借贷信息中介机构应当及时在其官方网站显著位置披露本机构所撮合借贷项目等经营管理信息。

网络借贷信息中介机构应当在其官方网站上建立业务活动经营管理信息披露专栏,定期以公告形式向公众披露年度报告、法律法规、网络借贷有关监管规定。

网络借贷信息中介机构应当聘请会计师事务所定期对本机构出借人与借款人资金存管、信息披露情况、信息科技基础设施安全、经营合规性等重点环节实施审计,并且应当聘请有资质的信息安全测评认证机构定期对信息安全实施测评认证,向出借人与借款人等披露审计和测评认证结果。

网络借贷信息中介机构应当引入律师事务所、信息系统安全评价等第三方机构,对网络信息中介机构合规和信息系统稳健情况进行评估。

网络借贷信息中介机构应当将定期信息披露公告文稿和相关备查文件报送工商登记注册地地方金融监管部门,并置备于机构住所供社会公众查阅。

[解读]

对网络借贷信息中介机构的经营管理信息披露方式、内容、程度等进行的规定。

一、披露信息的义务主体

网络借贷信息中介机构。

二、披露信息的程度

及时性。

三、披露的方式

在其官方网站显著位置进行披露信息。

四、及时披露信息的内容

披露本机构所撮合借贷项目等经营管理信息。

五、定期披露信息的内容

定期以公告形式向公众披露年度报告、法律法规、网络借贷有关监管规定。

六、定期披露信息方式

网络借贷信息中介机构应当在其官方网站上建立业务活动经营管理信息披露专栏。

七、经聘请会计师事务审计的与聘请有资质的信息安全测评认证机构测评认证信息披露内容

定期对本机构出借人与借款人资金存管、信息披露情况、信息科技基础设施安全、经营合规性等重点环节实施审计,并且应当聘请有资质的信息安全测评认证机构定期对信息安全实施测评认证,向出借人与借款人等披露审计和测评认证结果。

八、网络信息中介机构合规和信息系统稳健情况进行评估的方式

网络借贷信息中介机构应当聘请会计师事务所,引入律师事务所、信息系统安全评价等第三方机构,对网络信息中介机构合规和信息系统稳健情况进行评估。

九、定期信息披露公告文稿和相关备查文件披露的方式

网络借贷信息中介机构应当将定期信息披露公告文稿和相关备查文件报送工商登记注册地地方金融监管部门,并于机构住所供社会公众查阅。

置备是指将披露的信息在指定的场所存放。

第三十二条　网络借贷信息中介机构的董事、监事、高级管理人员应当忠实、勤勉地履行职责,保证披露的信息真实、准确、完整、及时、公平,不得有虚假记载、误导性陈述或者重大遗漏。

借款人应当配合网络借贷信息中介机构及出借人对融资项目有关信息的调查核实,保证提供的信息真实、准确、完整。

网络借贷信息披露具体细则另行制定。

[解读]

此条是对网络借贷信息中介机构的董事、监事、高级管理人员及借款人的信息披露的义务规定。

一、信息披露的主体

网络借贷信息中介机构的董事、监事、高级管理人员。网络借贷信息中介机构的董事、监事、高级管理人员拥有公司的决策权、监督权、执行权，他们在很大程度上实际控制公司的运营。他们与公司及股东的利益有很大的一致性，并因此被赋予充分的职权；但他们又有各自独立的利益，其利益也有可能与公司和股东相冲突。

二、信息披露的程度

真实、准确、完整、及时、公平，不得有虚假记载、误导性陈述或者重大遗漏。

公平性原则主要是针对选择性披露①问题而提出来的，是指证券市场上的信息披露义务人应当同时向所有投资者披露，不得提前向任何单位和个人透漏或者泄露。这一原则要求信息披露义务人不得差别对待不同的投资人，这是证券法公平原则在信息披露制度中的体现，反映了随着证券市场的发展，法律在追求效率的同时，更加注重对公平价值的追求。

现行《证券法》信息披露制度也没有关于公平性原则的明确规定，但是2015年的《证券法（修订草案）》（4月20日人大审议版）明确提出了公平性原则，该草案第134条规定："信息披露义务人依法披露的信息应当同时向所有投资者披露，不得提前向任何单位和个人透露或者泄露。法律、行政法规另有规定的除外。任何单位和个人不得非法要求提供未公开信息。任何单位和个人依法提前获知的信息，在依法披露前应当保密。在境内和境外市场发行证券的，在境外市场披露的与发行人有关的信息，应当同时在境内市场披露。"

从上面的法律规定可以看出，公平性原则不仅对证券市场上的披露义务人提出了要求，而且对不特定对象——"任何单位和个人"提出了要求。公平性原

① 选择性披露，是指将重大的未公开信息仅向证券分析师、机构性投资者或者其他人披露，而不是向所有市场上的投资者披露，选择性披露将直接造成信息获得不平等，并与利用内幕信息交易有密切联系。

则要求信息披露人不仅要同时向国内证券市场上的所有投资者同时披露信息,并且如果证券同时在国内和国外市场上发行的,国内市场的信息披露应该与国外市场的信息披露是同时的,这一规定适应了当前全球化融资的新情况。

公平性原则对不特定对象“任何单位和个人”提出了两方面要求:一是“不得非法要求提供未公开信息”,这里的不特定对象更多的是指向证券市场上的投资者,要求投资者不得非法要求信息提前公开,形成不法投资优势;二是知情人保密要求,这一要求主要针对信息披露义务主体的内部人员,如证券发行公司的董事、高级管理人员。违反公平性原则,容易触犯内幕交易、泄露内幕信息罪。

虚假记载、误导性陈述或者重大遗漏是属于违反《暂行办法》规定的信息披露义务的行为。

虚假记载又叫不实陈述,是指行为人在信息披露的文件上虚构、捏造与事实真相不符合的记载,是一种积极的虚假陈述行为。

误导性陈述是指行为人公开披露文件的内容虽然没有背离事实真相,但其表述存在显著的缺陷或不当,致使出借人无法进行客观的、完整的、准确地理解和判断,并容易导致出借人形成不符合客观情况的误解和误信。

重大遗漏是指行为人在信息披露文件中,未记载与《暂行办法》等相关规定有关的关键信息,以及影响出借人进行出借资金判断的事项或为避免文件不致被误解所必须记载的重大事项。

三、信息披露主体的职责

(一)忠实义务

忠实义务又称信义义务,指信息中介机构的董事、监事、高级管理人员在信息履行信息披露义务时,应毫无保留地为出借人的最大利益努力工作,当自身利益与出借人利益发生冲突时,应以出借人利益为先。但如何判断是否履行了忠实义务却十分困难,各国对忠实义务的判断标准也规定不一,大体上可将忠实义务的具体内容概括为以下几类:(1)自我交易禁止;(2)利用或篡夺出借人机会的禁止;(3)竞业禁止义务。

(二)勤勉义务

勤勉义务(Duty of Care),也称注意义务或审慎义务,与忠实义务一并构成公司董事和高管法律义务的两大种类。董事、监事、高级管理人员的勤勉义务，在大陆法系也被称为“善良管理人的注意义务”、“善管义务”，在英美法系则被称为“注意义务”。

与忠实义务相比，忠实义务的着重点在于董事、监事、高级管理人员行为的目的和做出决策的出发点是否正确，是否是为了出借人的利益最大化；勤勉义务的着重点则是董事、监事、高级管理人员行为本身和做出决策的过程是否尽职和是否到位。

四、借款人义务

借款人应当配合网络借贷信息中介机构及出借人对融资项目有关信息的调查核实，保证提供的信息真实、准确、完整。

五、网络借贷信息披露具体细则另行制定

兜底条款。对网络借贷信息披露的具体细则另行规定，是指在依据《暂行办法》制定信息披露的配套制度，而且也说明了信息披露制度的重要性。

第六章 监督管理

本章从33条至第38条共6条是对网络信贷信息中介机构、借款人、出借人等监督管理的规定。

第三十三条 国务院银行业监督管理机构及其派出机构负责制定统一的规范发展政策措施和监督管理制度，负责网络借贷信息中介机构的日常行为监管，指导和配合地方人民政府做好网络借贷信息中介机构的机构监管和风险处置工作，建立跨部门跨地区监管协调机制。

各地方金融监管部门具体负责本辖区网络借贷信息中介机构的机构监管，包括对本辖区网络借贷信息中介机构的规范引导、备案管理和风险防范、处置工作。

[解读]

本条对网络借贷信息中介机构的监管体制、监管主体、各监管主体的监管内容、监管协调机制进行了规定。

一、监管主体

国务院银行业监督管理机构及其派出机构、地方人民政府。

二、监管分工

国务院银行业监督管理机构及其派出机构负责制定统一的规范发展政策措施和监督管理制度，负责网络借贷信息中介机构的日常行为监管，指导和配合地方人民政府做好网络借贷信息中介机构的机构监管和风险处置工作，建立跨部门、跨地区监管协调机制。

国务院银行业监督管理机构及其派出机构负责制定统一的规范发展政策措施和监督管理制度，负责网络借贷信息中介机构的日常行为监管，指导和配合地方人民政府做好网络借贷信息中介机构的机构监管和风险处置工作，建立跨部门跨地区监管协调机制。

第三十四条　中国互联网金融协会从事网络借贷行业自律管理，并履行下列职责：

（一）制定自律规则、经营细则和行业标准并组织实施，教育会员遵守法律法规和网络借贷有关监管规定；

（二）依法维护会员的合法权益，协调会员关系，组织相关培训，向会员提供行业信息、法律咨询等服务，调解纠纷；

（三）受理有关投诉和举报，开展自律检查；

（四）成立网络借贷专业委员会；

（五）法律法规和网络借贷有关监管规定赋予的其他职责。

[解读]

此条对中国互联网金融协会职责进行了规定，从《暂行办法》的层面赋予中国互联网金融协会应履行的职责，确立其对会员监管的正当性与合法性，也充分体现了对网络借贷信息平台的监管是自律为主，行政监管为辅。但是自律组织的监管职责只是赋予了中国互联网金融协会，本条规定的职责的履行机构是中国互联网金融协会。

《指导意见》第19项规定：“加强互联网金融行业自律。充分发挥行业自律机制在规范从业机构市场行为和保护行业合法权益等方面的积极作用。人民银行会同有关部门，组建中国互联网金融协会。协会要按业务类型，制定经营管理规则和行业标准，推动机构之间的业务交流和信息共享。协会要明确自律惩戒机制，提高行业规则和标准的约束力。强化守法、诚信、自律意识，树立从业机构服务经济社会发展的正面形象，营造诚信规范发展的良好氛围。”

一、自律组织机构

中国互联网金融协会。

二、自律组织机构的职责

(1)制定自律规则、经营细则和行业标准并组织实施，教育会员遵守法律法规和网络借贷有关监管规定；

(2)依法维护会员的合法权益，协调会员关系，组织相关培训，向会员提供行业信息、法律咨询等服务，调解纠纷；

(3)受理有关投诉和举报，开展自律检查；

(4)成立网络借贷专业委员会；

(5)法律法规和网络借贷有关监管规定赋予的其他职责。

第三十五条　借款人、出借人、网络借贷信息中介机构、资金存管机构、担保人等应当签订资金存管协议，明确各自权利义务和违约责任。

资金存管机构对出借人与借款人开立和使用资金账户进行管理和监督，并根据合同约定，对出借人与借款人的资金进行存管、划付、核算和监督。

资金存管机构承担实名开户和履行合同约定及借贷交易指令表面一致性的形式审核责任，但不承担融资项目及借贷交易信息真实性的实质审核责任。

资金存管机构应当按照网络借贷有关监管规定报送数据信息并依法接受相关监督管理。

[解读]

此条是对借款人、出借人、网络借贷信息中介机构、资金存管机构、担保人等应当签订资金存管协议，明确各自权利义务和违约责任，并在此条中进行了各方主体的义务和责任的规定。

《指导意见》第 14 项规定:“客户资金第三方存管制度。除另有规定外,从业机构应当选择符合条件的银行业金融机构作为资金存管机构,对客户资金进行管理和监督,实现客户资金与从业机构自身资金分账管理。客户资金存管账户应接受独立审计并向客户公开审计结果。人民银行会同金融监管部门按照职责分工实施监管,并制定相关监管细则。”

一、资金存管

此条有关资金存管的规定与《指导意见》第 14 项的规定“客户资金第三方存管制度。除另有规定外,从业机构应当选择符合条件的银行业金融机构作为资金存管机构,对客户资金进行管理和监督,实现客户资金与从业机构自身资金分账管理。客户资金存管账户应接受独立审计并向客户公开审计结果。人民银行会同金融监管部门按照职责分工实施监管,并制定相关监管细则”是一致的。

二、借款人、出借人、网络借贷信息中介机构、资金存管机构、担保人等资金存管各自权利义务和违约责任的设定形式是要式行为,必须签订书面协议

充分尊重意思自治和契约精神。资金存管各方的权利义务依据借款人、出借人、网络借贷信息中介机构、资金存管机构、担保人等签订资金存管协议,明确各自权利义务和违约责任。

三、资金存管协议的主体

借款人、出借人、网络借贷信息中介机构、资金存管机构、担保人等。

四、资金存管机构义务

资金存管机构义务主要有:

(1)对出借人与借款人开立和使用资金账户进行管理和监督;(2)根据合同约定,对出借人与借款人的资金进行存管、划付、核算和监督;(3)资金存管机构承担实名开户;(4)履行合同约定;(5)借贷交易指令表面一致性的形式审核责任;(6)不承担融资项目及借贷交易信息真实性的实质审核责任。即该条规定为了充分调动银行业对网络借贷信息平台进行资金存管的积极性,因为此规定降低了存管银行的义务和责任,如资金存管机构承担实名开户和履行合同约定及借贷交易指令表面一致性的形式审核责任,但不承担融资项目及借贷交易信息真实性的实质审核责任;(7)资金存管机构应当按照网络借贷有关监管规定报送数据信息并依法接受相关监督管理。

根据此条规定,运营资金掌控权在第三方手中,信息中介机构仅作为中介,不参与借贷资金的流动。通过资金与平台的隔离,可以增强资金的安全性,也增强担保资金管理的安全性、可靠性。

在当前实践中,各大银行已经逐步开放网络借贷资金存管业务。由银行通过与网络借贷信息中介平台进行系统对接,为网络借贷信息中介平台会员分别单独开立并管理其会员交易结算资金管理账户。因此,为切实保护投资人的权益,规范网络借贷信息中介平台的行为,避免非法集资的形成,严格网络借贷信息中介平台与银行合作的存管模式是十分必要的。

第三十六条　网络借贷信息中介机构应当在下列重大事件发生后,立即采取应急措施并向工商登记注册地地方金融监管部门报告:

(一)因经营不善等原因出现重大经营风险;

(二)网络借贷信息中介机构或其董事、监事、高级管理人员发生重大违法违规行为;

(三)因商业欺诈行为被起诉,包括违规担保、夸大宣传、虚构隐瞒事实、发布虚假信息、签订虚假合同、错误处置资金等行为。

地方金融监管部门应当建立网络借贷行业重大事件的发现、报告和处置制度,制定处置预案,及时、有效地协调处置有关重大事件。

地方金融监管部门应当及时将本辖区网络借贷信息中介机构重大风险及处置情况信息报送省级人民政府、国务院银行业监督管理机构和中国人民银行。

[解读]

此条是对网络借贷信息中介机构发生重大事件的义务规定。

一、报告义务主体

网络借贷信息中介机构。

二、报告的程序

立即采取应急措施并向工商登记注册地地方金融监管部门报告。

三、报告的内容

(1)因经营不善等原因出现重大经营风险;

(2)网络借贷信息中介机构或其董事、监事、高级管理人员发生重大违法违规行为;

(3)因商业欺诈行为被起诉,包括违规担保、夸大宣传、虚构隐瞒事实、发布虚假信息、签订虚假合同、错误处置资金等行为。

四、监管部门的义务

(1)地方金融监管部门应当建立网络借贷行业重大事件的发现、报告和处置制度,制定处置预案,及时、有效地协调处置有关重大事件。

(2)地方金融监管部门应当及时将本辖区网络借贷信息中介机构重大风险及处置情况信息报送省级人民政府、国务院银行业监督管理机构和中国人民银行。

第三十七条　除本办法第七条规定的事项外,网络借贷信息中介机构发生下列情形的,应当在5个工作日以内向工商登记注册地地方金融监管部门报告:

(一)因违规经营行为被查处或被起诉;

(二)董事、监事、高级管理人员违反境内外相关法律法规行为;

(三)国务院银行业监督管理机构、地方金融监管部门等要求的其他情形。

[解读]

此条规定的是网络借贷信息中介机构临时报告义务。这是持续性信息披露的一种体现。此种披露形式是地方监管与管理机构及时有效的掌握网络借贷信息中介机构发生影响经营与债权人利益的重大情况。

《暂行办法》第7条规定,网络借贷信息中介机构备案登记事项发生变更的,应当在5个工作日以内向工商登记注册地地方金融监管部门报告并进行备案信息变更。

一、临时报告的主体

网络借贷信息中介机构。

二、临时报告的程序

网络借贷信息中介机构应当在5个工作日以内向工商登记注册地地方金融监管部门等要求的其他情形。

三、报告的内容

（一）因违规经营行为被查处或被起诉

公司涉嫌违规行为被调查或起诉的一定会影响企业自身的经营和声誉。

（二）董事、监事、高级管理人员违反境内外相关法律法规行为

董事、监事、高级管理人员违反境内外相关法律法规行为一定会影响企业自身的经营和声誉。

（三）国务院银行业监督管理机构、地方金融监管部门等要求的其他情形

此项是兜底条款，授权国务院银行业监督管理机构、地方金融监管部门根据实际情况作出有关规定其他的情形。

第三十八条　网络借贷信息中介机构应当聘请会计师事务所进行年度审计，并在上一会计年度结束之日起4个月内向工商登记注册地地方金融监管部门报送年度审计报告。

[解读]

本条是对网络借贷信息中介机构的定期报告的义务规定。

一、报告的义务主体

网络借贷信息中介机构。

二、报告的内容

年度审计报告。

三、报告的程序

在上一会计年度结束之日起4个月内向工商登记注册地地方金融监管部门报送年度审计报告。

第七章　法 律 责 任

本章是法律责任的规定。从第39条至第47条共9条。

法律责任是“法律”与“责任”的合成概念。法律责任的实质是统治阶级国家对违反法定义务、超越法定权利界限或滥用权利的违法行为所作的法律上的否定性评价和谴责,是国家强制违法者作出一定行为或禁止其作出一定行为,从而补救受到侵害的合法权益,恢复被破坏的法律关系(社会关系)和法律秩序(社会秩序)的手段。法律责任也是一种纠恶或纠错的机制。

法律责任的构成有责任主体、违法行为或违约行为、损害结果、因果关系、主观过错五方面。责任主体是指违反法律、违约或法律规定的事由而承担法律责任的人,包括自然人、法人和其他社会组织;违法行为或违约行为包括直接做了法律所禁止或合同所不允许的事;不做法律规定应做的事或不做合同中约定的事,也要承担法律责任。损害结果是指违法行为或违约行为侵害他人或社会的权利和利益所造成的损失和伤害,包括实际损害、丧失所得利益及预期可得利益。因果关系是违法行为或违约行为与损害结果的必然联系。主观过错是指行为人实施违法行为或违约行为时的主观心理状态。法律责任类型分为民事责任、行政责任、刑事责任和违宪责任四种。民事责任是指公民或法人因违反法律、违约或者因法律法定的其他事由而依法承担的不利后果。行政责任是指违反行政法律或因行政法规的事由而应当承担的法定的不利后果。刑事责任是指因违反刑事法律而应当承担的法定的不利后果。违宪责任是指因违反宪法而应当承担的法定的不利后果。

第三十九条　地方金融监管部门存在未依照本办法规定报告重大风险和处置情况、未依照本办法规定向国务院银行业监督管理机构提供行业统计或行业报告等违反法律法规及本办法规定情形的,应当对有关责任人依法给予行政处分;构成犯罪的,依法追究刑事责任。

[解读]

本条是对地方金融监管部门责任人的责任规定。

一、义务主体

地方金融监管部门及其责任人。

二、责任行为

(1)在未依照本办法规定报告重大风险和处置情况。

(2)未依照本办法规定向国务院银行业监督管理机构提供行业统计或行业报告等违反法律法规。

(3)本办法规定情形的。

三、责任形式

行政责任和刑事责任。

应当对有关责任人依法给予行政处分,构成犯罪的,依法追究刑事责任。

第四十条　网络借贷信息中介机构违反法律法规和网络借贷有关监管规定,有关法律法规有处罚规定的,依照其规定给予处罚;有关法律法规未作处罚规定的,工商登记注册地地方金融监管部门可以采取监管谈话、出具警示函、责令改正、通报批评、将其违法违规和不履行公开承诺等情况记入诚信档案并公布等监管措施,以及给予警告、人民币3万元以下罚款和依法可以采取的其他处罚措施;构成犯罪的,依法追究刑事责任。

网络借贷信息中介机构违反法律规定从事非法集资活动或欺诈的,按照相关法律法规和工作机制处理;构成犯罪的,依法追究刑事责任。

[解读]

此条是对网络借贷信息中介机构法律责任的规定。

第一,网络借贷信息中介机构违反法律法规和网络借贷有关监管规定,有关法律法规有处罚规定的,依照其规定给予处罚。

第二,网络借贷信息中介机构违反法律法规和网络借贷有关监管规定,有关法律法规未作处罚规定的行为责任。

监管主体是工商登记注册地地方金融监管部门。

监管方式包括:(1)监管谈话。(2)出具警示函、责令改正。(3)通报批评。(4)将其违法违规和不履行公开承诺等情况记入诚信档案并公布等监管措施。(5)给予警告。(6)人民币3万元以下罚款。(7)依法可以采取的其他处罚措施。

第三,网络借贷信息中介机构违反法律规定从事非法集资活动或欺诈的责任。一是网络借贷信息中介机构违反法律规定从事非法集资活动(未构成犯罪的)按照相关法律法规和工作机制处理。二是网络借贷信息中介机构违反法律规定从事欺诈的,按照相关法律法规和工作机制处理。

第四,网络借贷信息中介机构违反法律规定的活动构成犯罪的,依法追究刑事责任。

第四十一条　网络借贷信息中介机构的出借人及借款人违反法律法规和网络借贷有关监管规定,依照有关规定给予处罚;构成犯罪的,依法追究刑事责任。

[解读]

对网络借贷信息中介机构的出借人及借款人的责任规定。《暂行办法》不仅调整网络借贷信息中介机构,对网络借贷信息中介机构的出借人及借款人违反法律法规和网络借贷有关监管规定也进行调整。网络借贷信息中介机构的出借人及借款人违反法律构成犯罪的,依法追究刑事责任。

第四十二条　银行业金融机构及国务院银行业监督管理机构批准设立的其他金融机构和省级人民政府批准设立的融资担保公司、小额贷款公司等投资设立具有独立法人资格的网络借贷信息中介机构,设立办法另行制定。

[解读]

本条明确了《暂行办法》对设立具有独立法人资格的网络借贷信息中介机构的调整范围。

第一,银行业金融机构及国务院银行业监督管理机构批准设立的其他金融机构投资设立具有独立法人资格的网络借贷信息中介机构的设立办法另行规定。

《银行业监督管理办法》、《商业银行法》等法律、法规对银行业金融机构设立分支机构与投资都有相关的规定,因此其设立网贷信息中介机构应在已有的法律、法规的框架下进行制定。

第二,省级人民政府批准设立的融资担保公司、小额贷款公司等投资设立具有独立法人资格的网络借贷信息中介机构,设立办法另行制定。无论是融资担保公司,还是小额贷款公司等都有其管理办法,因此这些机构要设立网络借贷信息中介机构还要与成立的管理办法进行衔接,需要另行制定。

第四十三条　中国互联网金融协会网络借贷专业委员会按照《关于促进互联网金融健康发展的指导意见》和协会章程开展自律并接受相关监管部门指导。

[解读]

一、明确了自律组织和法律地位

中国互联网金融协会网络借贷专业委员会(以下简称“专业委员会”)是网贷行业的自律组织,而且是在相关监管部门指导下的自律组织。

二、开展自律监管的依据

“专业委员会”按照《指导意见》和协会章程开展自律监管。

“专业委员会”是法定的自律监管组织。

三、中国互联网金融协会网络借贷专业委员会

“专业委员会”是在相关监管机构的指导下进行自律监管。

四、“专业委员会”自律监管权的法律性质

(一)契约授权

“专业委员会”根据其章程、业务规则、业务合同的规定属于纯粹的民事协议的内容,对其会员及其相关人员和经营活动所享有的管理权属于民事权利;如果“专业委员会”章程、业务规则以及业务合同享有的管理权属于行政权,则这些行政管理权必须是相关行政管理部门通过法律授权的。

(二)法律授权

“专业委员会”是根据《公司法》、《暂行办法》等法律、法规、规章的规定,对会员及其相关人员享有法律赋予的管理权。依据《行政诉讼法》、《最高人民法院关于执行〈中华人民共和国行政诉讼法〉若干问题的解释》(法释〔2008〕8号)第20条规定,法律、法规和规章可以授予非行政机关的其他组织以行政权力,因此,《公司法》、《暂行办法》等法律、法规、规章为证券交易所履行监管职能所赋予的管理权属于行政权力。

第四十四条　本办法实施前设立的网络借贷信息中介机构不符合本办法规定的，除违法犯罪行为按照本办法第四十条处理外，由地方金融监管部门要求其整改，整改期不超过12个月。

[解读]

本条是对本办法实施前设立的网络借贷信息中介机构不符合本办法规定的整改期限和整改监管部门的规定。

一、整改期限

12个月。

二、整改负责机构

地方金融监管部门。

三、依法、依规整改

(1)整改期间依然对违反法律法规和网络借贷有关监管规定的网络借贷进行处理。具体规定依据本《暂行办法》第40条处理。

对网络借贷的12个月内的依法、依规整改并不是对违反法律法规网络借贷的大赦。信息中介的行为如在《暂行办法》生效之前就违法和构成犯罪的，并不是整改内容，而应根据法律规定承担责任。

(2)严厉打击违法犯罪活动的整改。在12个月内对网络借贷信息中介机构违反法律规定从事非法集资活动或欺诈的及构成犯罪的零容忍，按照相关法律法规和工作机制处理；构成犯罪的，依法追究刑事责任。

总之，金融创新不是免罪牌，本条透露的整改精神体现了法治理念，依法进行创新、依法改革。

第四十五条　省级人民政府可以根据本办法制定实施细则，并报国务院银行业监督管理机构备案。

[解读]

省级人民政府可以依据《暂行办法》指定实施细则，制定后报国务院银行业监督管理机构备案。这充分体现了对网络借贷行业的监管无论是监管主体还是在制度制定方面都体现了双层结构。这种设计即能充分体现网络的跨时空的特点，也能根据各地方的经济、习惯的不同，制定具体的监管实施细则。

第四十六条 **本办法解释权归国务院银行业监督管理机构、工业和信息化部、公安部、国家互联网信息办公室。**

第四十七条 **本办法所称不超过、以下、以内，包括本数。**

第三部分　网络借贷法律问题与案例分析

一、网络借贷模式概述

网络借贷是互联网金融中一种重要的类型，中国人民银行等十部委于2015年7月发布的《关于促进互联网金融健康发展的指导意见》（以下简称《指导意见》）中首先明确规定了网络借贷这种互联网金融的类型，并且将网络借贷划分为了两种模式，即个体网络借贷（P2P网络借贷）和网络小额贷款。

其中，个体网络借贷是指个体和个体之间通过互联网平台实现的直接借贷。在个体信息中介机构上发生的直接借贷行为属于民间借贷范畴，受《合同法》、《民法通则》等法律法规以及最高人民法院相关司法解释规范。个体网络借贷要坚持平台功能，为投资方和融资方提供信息交互、撮合、资信评估等中介服务。个体网络借贷机构要明确信息中介性质，主要为借贷双方的直接借贷提供信息服务，不得提供增信服务，不得非法集资。

网络小额贷款是指互联网企业通过其控制的小额贷款公司（以下简称小贷公司），利用互联网向客户提供的小额贷款。应当注意的是，在这种模式中网络小额贷款应遵守现有小贷公司监管规定，发挥网络贷款优势，努力降低客户融资成本。

针对网络借贷,2016 年 8 月 17 日中国银行业监督管理委员会、工业和信息化部、公安部、国家互联网信息办公室联合发布了《网络借贷信息中介机构业务活动管理暂行办法》(以下简称《暂行办法》)。根据《暂行办法》,网络借贷是指个体和个体之间通过互联网平台实现的直接借贷。网络借贷中的个体包含自然人、法人及其他组织。网络借贷信息中介机构(以下简称信息中介机构)是指依法设立,专门从事网络借贷信息中介业务活动的金融信息中介公司。该类机构以互联网为主要渠道,为借款人与出借人(贷款人)实现直接借贷提供信息搜集、信息公布、资信评估、信息交互、借贷撮合等服务。

据统计,截至 2016 年 8 月我国的信息中介机构的数量已经达到 4213 家,并且还在仍然保持着每月 40 家左右的增长态势,①行业规模仍然处于持续发展阶段。

二、实践中网络借贷的模式

网络借贷作为互联网金融中一种重要的类型,在我国经过几年的发展,行业规模不断扩大的同时,在实践中还发展出了许多新的模式。这些创新的发展模式有些已经超越了有关的监管规定,下文将依据《暂行办法》以及《指导意见》的相关规定,对实践中一些网络借贷模式进行介绍,并对其合规性进行分析。

(一)无担保模式

1. 业务模式介绍

个体网络借贷中的无担保模式,即通常所说的"信用贷"模式,是一种以借款人的信用记录为基础,不提供任何担保方式,通过信息中介机构,向出借人融资的模式,是《暂行办法》规范的个体与个体网络借贷业务模式中最基础,也是交易结构最简单的一种模式。

2. 法律关系

该业务模式中,法律主体有信息中介机构、出借人及借款人。

(1)信息中介机构与借款人和出借人的法律关系分析

信息中介机构与借款人之间属于居间服务法律关系,信息中介机构作为居间人,撮合借款人与出借人完成借贷关系。根据《合同法》的相关规定,居间人应

---

① 数据来源于网贷之家。

“向委托人报告订立合同的机会或者提供订立合同的媒介服务”。

根据《暂行办法》第2条,信息中介机构应当以互联网为主要渠道,为借款人与出借人(贷款人)实现直接借贷提供信息搜集、信息公布、资信评估、信息交互、借贷撮合等服务。并且《暂行办法》中对信息中介机构的义务进行了更加具体的规定:“网络借贷信息中介机构应当履行下列义务:(一)依据法律法规及合同约定为出借人与借款人提供直接借贷信息的采集整理、甄别筛选、网上发布,以及资信评估、借贷撮合、融资咨询、在线争议解决等相关服务;(二)对出借人与借款人的资格条件、信息的真实性、融资项目的真实性、合法性进行必要审核;(三)采取措施防范欺诈行为,发现欺诈行为或其他损害出借人利益的情形,及时公告并终止相关网络借贷活动;(四)持续开展网络借贷知识普及和风险教育活动,加强信息披露工作,引导出借人以小额分散的方式参与网络借贷,确保出借人充分知悉借贷风险;(五)按照法律法规和网络借贷有关监管规定要求报送相关信息,其中网络借贷有关债权债务信息要及时向有关数据统计部门报送并登记;(六)妥善保管出借人与借款人的资料和交易信息,不得删除、篡改,不得非法买卖、泄露出借人与借款人的基本信息和交易信息;(七)依法履行客户身份识别、可疑交易报告、客户身份资料和交易记录保存等反洗钱和反恐怖融资义务;(八)配合相关部门做好防范查处金融违法犯罪相关工作;(九)按照相关要求做好互联网信息内容管理、网络与信息安全相关工作;(十)国务院银行业监督管理机构、工商登记注册地省级人民政府规定的其他义务。”

并且《暂行办法》中明确了借款人与出借人应当遵循借贷自愿、诚实守信、责任自负、风险自担的原则承担借贷风险。信息中介机构承担客观、真实、全面、及时进行信息披露的责任,不承担借贷违约风险。

(2)借款人与出借人的法律关系

在网络借贷中,借款人与出借人之间属于借贷法律关系,二者签订的合同为《借款合同》。

具体来说,借款人享有的权利包括依约得到出借资金等;负有的义务包括按期偿还全部本息等。出借人享有的权利包括按期取得约定本息、向第三人转让债权、了解债务人基本信息等;负有的义务包括如期支付出借款项等。

《暂行办法》中对借款人和出借人的义务进行了更加具体的规定。根据《暂行办法》借款人除应当提供真实、准确、完整的用户信息及融资信息外，还应承担以下责任：提供在所有信息中介机构未偿还借款信息；保证融资项目真实、合法，并按照约定用途使用借贷资金，不得用于出借等其他目的；按照约定向出借人如实报告影响或可能影响出借人权益的重大信息；确保自身具有与借款金额相匹配的还款能力并按照合同约定还款；以及借贷合同及有关协议约定的其他义务。出借人的主要义务有了解融资项目信贷风险，确认具有相应的风险认知和承受能力；自行承担借贷产生的本息损失等。

3. 合规性分析

《指导意见》与《暂行办法》中均规定信息中介机构不得提供增信服务，信息中介机构不得对借款进行担保。因此，无担保模式是个体与个体之间通过互联网实现直接借贷中最基础的模式，并且符合《暂行办法》的相关规定。

（二）信息中介机构设立风险准备金模式

1. 业务模式

实践中，一些信息中介机构出于吸引投资人的目的，使用自有资金设立风险准备金。当信息中介机构发布的借款项目出现借款人到期无力清偿债务等违约情形，担保方也无力承担代偿义务，或是无担保模式下的借款项目逾期还款时，信息中介机构即使用该风险准备金向平台投资人代为偿还债务，后向债务人、担保人行使追索权。

2. 法律关系

这种模式及基础法律关系与无担保模式相同，出借人、借款人与信息中介机构之间形成居间法律关系，而出借人与借款人之间则形成借款合同关系。

对于风险准备金的性质有三种不同的意见：第一，担保。信息中介机构作为保证人承担保证责任后，有权向借款人进行追偿。第二，债权让与。信息中介机构作为借贷关系之外的第三方，自愿使用风险准备金受让出借人的债权。第三，债务承担。信息中介机构之外的第三方，自愿使用自有资金承担该笔债务，向出借人偿还借款。但是大多数观点还是认为风险准备金的实质是信息中介机构向出借人提供担保，在借款人未能按期偿还借款本息时，向出借人保证责任。

3. 合规性分析

《指导意见》以及《暂行办法》中均明确了平台的性质应为信息中介机构，不得充当信用中介。《暂行办法》第 10 条中明确信息中介机构直接或变相向出借人提供担保或者承诺保本保息列为禁止性行为,因此平台使用自有资金设立风险准备金是违反监管规则的违规行为。

但是,在实践中,对于已经做出为借款提供意思表示的信息中介机构,根据《最高人民法院关于审理民间借贷案件适用法律若干问题的规定》第 22 条规定:“网络贷款平台的提供者通过网页、广告或者其他媒介明示或者有其他证据证明其为借贷提供担保,出借人请求网络贷款平台的提供者承担担保责任的,人民法院应予支持。”

因此,对于违规建立风险准备金的平台,在认定其应当承担相应民事责任的同时,还应当追究其违反监管规定的行政责任,对于涉嫌犯罪的平台及相关责任人,还应当追究其相应的刑事责任。

(三)融资性担保公司担保模式

1. 业务模式介绍

《指导意见》和《暂行办法》均明确规定,信息中介机构不得提供增信服务或承诺保本保息。在此背景下,许多信息中介机构通过选择与融资性担保公司合作的方式来提高项目安全性,吸引出借人。

我国担保公司分为融资性担保公司与非融资性担保公司两类。所谓融资性担保公司,根据我国《融资性担保公司暂行管理办法》的规定设立的担保公司。融资性担保,是指“担保人与银行业金融机构等债权人约定,当被担保人不履行对债权人负有的融资性债务时,由担保人依法承担合同约定的担保责任的行为”。成立融资性担保公司,应当经过监管部门审查批准,并取得经营许可证。而非融资性担保公司则无需经过特别审批,只能从事履约性担保业务。因此,在我国现行监管政策之下,个体网络借贷担保公司担保业务只能由融资性担保公司与信息中介机构进行合作。

2. 法律关系

(1)信息中介机构与借款人及出借人的法律关系

在融资性担保公司进行担保的模式中,信息中介机构与借款人和出借人之间形成的仍然是居间的法律关系,信息中介机构以互联网为主要渠道,为借款人与出借人(贷款人)实现直接借贷提供信息搜集、信息公布、资信评估、信息交互、借贷撮合等服务。

(2)借款人与出借人之间的法律关系

借款人与出借人之间通过互联网形成电子的《借款合同》,双方之间的关系为借款合同关系。

(3)借款人及出借人同融资性担保公司之间的法律关系

借款人与出借人为借贷关系,借款人为债务人,出借人为债权人,融资性担保公司为担保人,为债务人提供保证。网络借贷模式下保证人一般承担的为连带保证责任,如借款人未能按期足额履行还本付息义务,则由担保公司在合同约定的时间内承担保证责任,向出借人偿还借款本息。承担保证责任后,融资性担保公司有权自行向借款人追偿。

3. 合规性分析

在《暂行办法》第10条中明确禁止信息中介机构直接或变相向出借人提供担保或者承诺保本保息,因此在实践中许多信息中介机构选择与融资性担保公司进行合作,由融资性担保公司对借款进行担保。融资性担保公司具有进行融资性担保的资质,由其对信息中介机构的借款项目进行担保既符合《融资性担保公司管理暂行办法》、《指导意见》、《暂行办法》等相关的监管规则,同时也能在一定程度上提高出借人资金的安全性。

(四)信息中介机构与小贷公司合作的模式

《暂行办法》中规范的网络借贷主要是指个体和个体之间通过互联网平台实现的直接借贷,也就是《指导意见》中所指的个体网络借贷。除了个体网络借贷,《指导意见》中还规定了网络借贷的另一种类型——网络小额贷款模式,这是信息中介机构与小贷公司合作下的一种特有的模式。

根据《互联网金融指导意见》的规定,信息中介机构和小贷公司的合作模式可以分为两大类:第一,个体网络借贷小贷公司担保模式;第二,网络小额贷款模式。个体网络借贷小贷公司担保模式是指个体网络借贷平台与小贷公司合作,由小贷公司作为担保方为个体网络借贷平台上的借款人提供担保;网络小额贷款模式则是指网络借贷平台通过其所控制的小贷公司向借款人发放借款。

1. 个体网络借贷小贷公司担保模式

(1)业务模式介绍

我国的小贷公司受到法律规定的限制,其放贷的资金最多不能超过其注册资本的1.5倍,小贷公司的融资范围和规模也受到了限制,小贷机构可以从不超过两个银行业金融机构融资,但融资金额不得超过自有资本的50%。因此,小贷公司会出现虽然掌握优质客户但是却因资金不足不能放贷的困境。

为了充分利用这些优质的客户资源,小贷公司与信息中介机构达成合作协议,由小贷公司事先对借款人的资信情况进行调查后将符合标准的借款人推荐给信息中介机构,由信息中介机构发布借款人的融资信息,出借人根据自己的资金能力和时间对平台上发布的借款标的进行认购,从而完成借贷过程。而小贷公司在此种模式中承诺在借款人不能还本付息的情况下承担保证责任。

(2)法律关系

①信息中介机构与借款人及出借人之间的法律关系

此种模式下,信息中介机构仍然起到借款人与出借人之间的居间人作用,以互联网为主要渠道,为借款人与出借人(即贷款人)实现直接借贷提供信息搜集、信息公布、资信评估、信息交互、借贷撮合等服务。对于小贷公司推荐的项目,一些信息中介机构出于降低风险的角度考虑,往往不仅仅依赖小贷公司的评估结果,而是再辅之以自己风险评价体系进行评估,将符合其机构标准的借款人的借款需求,借款的时间,金额利率和基本信用评估等情况在其机构网站上进行发布。

②借款人与出借人之间的法律关系

两者的法律关系实质上仍然是民间借贷,与其他模式并没有明显的区别,因此不再赘述。

③小贷公司与借款人及出借人之间的法律关系

小贷公司除了向信息中介机构推荐合格的借款人,还要为借款提供担保。在实践中,同融资性担保模式一样,也是采取连带保证而非一般保证的形式,在借款人无法按照约定还款的情况下承担保证责任。小贷公司在承担保证责任后,有权向借款人进行追偿。

除此之外,一些小贷公司还会接受出借人的委托进行贷后管理工作,辅助出借人收回本金和利息,直到借款人还清贷款为止。而相比之下,一般的无担保网络借贷模式则由信息中介机构承担贷后管理工作,因此,此类模式可以有效地降低网贷平台的运营成本,并且由于小贷公司在贷后管理方面专业性更强,在辅助借款人还款上效率也更高。

(3)合规性分析

在个体网络借贷小贷公司担保模式中,信息中介机构仅承担为出借人与借款人提供信息的义务,并没有提供增信服务等,因此信息中介机构自身的行为不违反《暂行办法》的规定。

但是,根据《小额贷款公司试点的指导意见》的规定小贷公司应执行国家金融方针和政策,在法律、法规规定的范围内开展业务,自主经营,自负盈亏,自我约束,自担风险,其合法的经营活动受法律保护,不受任何单位和个人的干涉。而小贷公司本身并不一定具有进行融资担保的资质,因此存在超越经营范围和行业监管的风险。在实践中,江苏省金融局曾发布文件允许省内小贷公司与信息中介机构进行合作时提供融资性担保,这也是“开鑫贷”网站能够一直与小贷公司合作的政策辅助条件之一。但是,鉴于该文件只是地方性的政府指导文件,并不具有全国性的效力。因此,小贷公司与信息中介机构合作对借款进行担保,仍然存在合规性的风险。

2. 网络小额贷款模式

除了个体网络借贷外《指导意见》还规定了另一种网络借贷的模式,即网络小额借贷。《指导意见》将网络小额贷款界定为互联网企业通过其控制的小贷公司,利用互联网向客户提供的小额贷款。并且规定网络小额贷款应遵守现有小额贷款监管规定,发挥网络贷款优势,努力降低客户融资成本。

(1)业务模式

我国现有网络借贷平台中从事网络小额贷款业务的并不多见,其基本的业务模式为,该网络小额贷款平台除了自身作为一个互联网金融公司外,还出资设立其他小贷公司。借款申请人通过网络小额贷款平台的网站提交借款申请,网贷平台的工作人员初审后推送至旗下小贷公司。小贷公司相关工作人员对借款申请人的借款需求、收入来源及借款用途等信息进行审查、核实,对其还款能力与还款欲望进行专业判断,达到风险控制的标准后,小贷公司使用自身运营资金出借给借款申请人。

其主要的特殊之处,首先在于网络小额贷款平台和小贷公司之间有较高的关联性。其次,操作方式上,该模式是由小贷公司直接对借款人发放借款,即网络小额贷款平台对应的资金端是其控制下的小贷公司，而并非像个体网络借贷平台一样对应平台投资人作为资金端。

(2)法律关系

网络小额贷款平台运营模式下，网络小额贷款平台虽然与小贷公司属于实际关联关系，但是在本质上，平台仅作为居间人，为借款申请人和小贷公司提供业务撮合。具体来说，该模式下有以下几种法律关系：

①借款人与小贷公司

借款人与小贷公司为债权债务关系，小贷公司为债权人，借款人为债务人，二者签订《借款合同》，并受《合同法》约束。其中，小贷公司也受小额贷款监管规定的限制。小贷公司同样不能放高利贷，即其与借款人约定的利率最高不能超过银行同期贷款业务利率的四倍。而根据2015年8月6日公布的《最高人民法院关于审理民间借贷案件适用法律若干问题的规定》的相关规定，借款年利率不应高于36%。

②借款人与网络小额贷款平台

借款人与网络小额贷款平台为融资服务关系。借款人提出融资需求，支付服务费用；网络小额贷款平台将其推送给旗下小贷公司，为其提供融资信息服务，收取服务费用。

③小贷公司与网络小额贷款平台

小贷公司与网络小额贷款平台为母公司与子公司的关系，同时也为信息服务关系。小贷公司有放款需求，网络小额贷款平台为其提供借款人。

(3)合规性分析

网络小额贷款是《指导意见》中规定的网络借贷的第二种模式，也是符合目前监管规定的一种网络借贷发展形式。

虽然目前的《暂行办法》中主要规范个体网络借贷，而没有将网络小额借贷纳入规范范围之内，但是该法第42条规定："银行业金融机构及国务院银行业监督管理机构批准设立的其他金融机构和省级人民政府批准设立的融资担保公司、小额贷款公司等投资设立具有独立法人资格的网络借贷信息中介机构，设立办法另行制定。"

(五)网络借贷与融资租赁公司合作模式

网络借贷与融资租赁相结合的模式也是实践中互联网金融与传统金融相结

合形成的一种创新的发展模式。实践中，采用这种模式的信息中介机构虽然不是很多，但是影响力却非常巨大，在全国范围内造成了非常恶劣影响的“e租宝”案件中，“e租宝”平台所打的旗号就是与融资租赁相结合的模式。

1. 业务模式

网络借贷与融资租赁相结合的信息中介机构主要采用的都是债权转让的模式。这种模式的基本流程是，融资租赁公司对承租人的资金实力、盈利能力、市场前景及租赁物等进行实地考察，符合条件后，双方签订融资租赁协议，并根据承租人对设备租赁物的要求选择厂商购买设备，并安装和交付。在此基础上，互联网融资租赁平台与融资租赁公司进行合作，融资租赁公司在平台上发起债权转让申请，将融资租赁项目债权通过平台转让给投资人，从而快速回补资金。融资租赁公司把承租企业每月偿还的租金再按照约定定期支付给投资人，融资租赁公司迅速回笼资金进行下一笔项目，平台通过提供相应的服务收取佣金。

2. 法律关系

(1)融资租赁公司与信息中介机构的法律关系

在这种模式中，信息中介机构与融资租赁公司之间形成的一个居间合同关系。信息中介机构为融资租赁公司公司提供订立合同的机会和媒介，其法律地位为居间人，而融资租赁公司则是委托人。

在实践中，信息中介机构与融资租赁公司一般形成的是长期的居间合同合作关系，信息中介机构一般在一定时期内往往会与几家相对固定的融资租赁公司形成长期稳定的合作关系。这种类似的战略合作关系凸显出信息中介机构与融资租赁公司之间合作的稳定性，但是其关系的实质仍然是一种居间合同的关系。

在互联网融资租赁平台与融资租赁公司的法律关系中，信息中介机构的主要义务为：根据融资租赁公司提供的融资租赁项目的相关信息，对融资租赁公司欲上线的项目进行审查，以达到风险控制的目的，对于通过审查的项目，由信息中介机构发布项目信息给投资者，为融资租赁公司提供融资机会。

融资租赁公司的主要义务为：为信息中介机构提供真实全面的项目信息以及向信息中介机构支付服务费用。首先，融资租赁项目实际发生在融资租赁公司与承租人、供货人之间，融资租赁公司对于其需要进行融资的项目掌握着最全面的信息,尤其是承租人的还款能力、租赁物的价值等对于投资者投资风险有重大影响的信息,融资租赁公司应当真实全面地向平台提供,尽量减小投资中信息的不对称,保障交易安全。其次,居间合同为双务有偿合同,信息中介机构为融资租赁公司发布项目信息,提供交易场所与相关服务,融资租赁公司当然应当为其支付服务费用。

(2)出借人与信息中介机构之间

出借人与信息中介机构之间形成的同样是居间法律关系。信息中介机构是居间人,为投资者提供投资信息与服务,而出借人则是委托人,通过信息中介机构获取投资信息与机会。

(3)出借人与融资租赁公司、承租企业之间的关系

网络借贷与融资租赁公司合作模式中的债权让与涉及三方当事人,即出资人、融资租赁公司及承租企业。因此,债权让与模式的互联网融资租赁在出借人、融资租赁公司、承租企业间的权利义务关系如下:

首先,在承租企业与出借人之间。债权让与后,债权人发生更替,被让与的债权以及从权利转让给投资者,出借人成为新债务人,承租企业应将每月应付的租金支付给出借人。

其次,在融资租赁公司与出借人之间。出借人通过债权让与合同受让融资租赁公司的债权,应当向融资租赁公司支付相应的投资。融资租赁公司有义务对其转让的债权承担瑕疵担保义务,包括融资租赁合同真实合法有效,融资租赁公司已经履行了融资租赁合同中规定应由其履行的购买设备等义务。同时为了使出借人顺利行使其债权,融资租赁公司应将关于主张该债权的必要情形告知出借人。

最后,在融资租赁公司与承租企业之间。根据《合同法》第 80 条的规定,债权人转让权利的应当通知债务人。未经通知,该转让对债务人不发生效力,因此,在债权转让模式的互联网融资租赁业务中,融资租赁公司应将债权让与情况通知承租企业。

3. 合规性分析

(1)融资租赁企业转让债权的合规性

《商务部融资租赁企业监督管理办法》第 9 条规定:“融资租赁企业应当以融资租赁等租赁业务为主营业务,开展与融资租赁和租赁业务相关的租赁财产购

买、租赁财产残值处理与维修、租赁交易咨询和担保、向第三方机构转让应收账款、接受租赁保证金及经审批部门批准的其他业务。”上述管理办法规定了融资租赁企业的日常主营业务所包含的范围，其中指出了租赁企业可以向第三方机构转让应收账款。

融资租赁公司的应收账款属于债权的一种，在互联网融资租赁的债权转让模式中，融资租赁公司向投资者转让的债权正是此处的应收账款。因此，根据《融资租赁企业监督管理办法》，向个人转让应收账款实际超出了上述规定的融资租赁公司的业务范围，违反了有关融资租赁公司的监管规范。

(2)通过信息中介机构进行债权转让的合规性

不仅融资租赁公司的监管规则中对融资租赁企业转让应收账款进行了限制，《暂行办法》中对通过信息中介机构进行债权转让的行为也作出了禁止性的规定。《暂行办法》第 10 条中列举了信息中介机构禁止从事的 11 项行为，其中“开展类资产证券化业务或实现以打包资产、证券化资产、信托资产、基金份额等形式的债权转让行为”被明确列举为信息中介机构禁止从事的行为。

网络借贷与融资租赁相结合的业务模式，实质就是融资租赁公司通过信息中介机构进行债权转让，因此从合规性的角度，这种模式并不符合目前的监管规定。

(六)网络借贷与保理公司合作模式

1. 业务模式

网络借贷与保理公司进行合作的主要业务模式为：买卖双方基于某种贸易关系签订了一份基础买卖合同，卖方基于该基础合同已真实履约，交付合同标的物，而买方迟延支付对价，从而产生了卖方的应收账款，此时，买方成为债务人，卖方成为债权人，该笔应收账款即为债权。之后，债权人(及基础合同中的卖方)将其所有的应收账款转让给商业保理公司，商业保理公司为其提供贸易融资、销售分户账管理、客户资信调查与评估、应收账款管理与催收、信用风险担保等服务。[①] 受让债权后，商业保理公司为融资需要，将该应收账款在合作的信息中介机构上予以展示披露，并承诺到期回购。出借人在信息中介机构在该保理融资产品的人数及投资金额的限定范围内，自愿决定投资金额，通过信息中介机构设

---

① 参见《商务部关于商业保理试点有关工作的通知》。

定的方式完成投资,并签订电子合同,保理公司将债权转让给出借人。合同约定的回购之日,商业保理公司再依照约定溢价回购应收账款。

2. 法律关系

(1)基础合同买卖双方的法律关系

基于传统的货物销售、服务提供等贸易关系,供求双方签订相应的基础合同,形成买卖等法律关系,并确定双方的权利义务。

(2)基础合同卖方与商业保理公司的法律关系

销售商向商业保理公司转让应收账款以融资,转让后,销售商、购货商、商业保理公司各方的法律关系及各自的权利义务将发生改变。

从基础合同卖方与商业保理公司之间的法律关系角度来说,二者形成了保理服务关系,并直接体现在双方签订的《保理合同》之中。保理服务中最主要的内容即基础合同中应收账款的转让,卖方与保理公司实质上形成债权转让关系。转让后,保理公司享有应收账款债权,并享有与该应收账款有关的所有权利,并且应当按时足额向卖方提供应收账款受让资金。而卖方有权接受保理方提供的资金,同时应当按照约定支付保理业务手续费、保理融资利息,并且按时履行应收账款的回购义务。

(3)保理公司与信息中介机构的关系

在这种模式中,信息中介机构与保理公司之间仍然形成的是居间合同的关系。信息中介机构为融资租赁公司提供订立合同的机会和媒介,其法律地位为居间人,而保理公司则是委托人,其法律地位相当于普通网络借贷中的借款人。

同与融资租赁公司的合作关系相似,在实践中,信息中介机构与保理公司一般也会形成长期的居间合同合作关系,信息中介机构一般在一定时期内往往会与几家相对固定的保理公司形成长期稳定的合作关系,但是其关系的实质仍然是一种居间合同的关系。

(4)出借人与信息中介机构的关系

在这种模式中,虽然借款人是保理公司,但是出借人与信息中介机构之间的居间合同关系与普通网络借贷相同,不再赘述。

(5)保理公司与出借人的关系

保理公司与出借人之间的法律关系实质为债权转让关系。保理公司将应收账款作为主债权转让给出借人以获得资金,是双方之间的第一次债权转让;约定期限届满之时,保理公司从出借人处回购应收账款,实质上是出借人向商业保理公司反向转让应收账款的行为,是为双方之间的第二次债权转让。

除此之外,保理公司与出借人之间还存在委托代理关系。委托人是出借人,受托人是商业保理公司。平台投资人委托商业保理公司对其转让的应收账款予以管理、催收等。

3. 合规性分析

网络借贷与商业保理的结合的模式与网络借贷与融资租赁结合的模式相似,其本质都是通过信息中介机构进行债权转让行为,将应收账款通过信息中介机构转让给出借人。因此,保理公司通过信息中介机构进行债权转让的模式同样属于《暂行办法》第10条明确禁止信息中介机构从事的"类资产证券化业务或实现以打包资产、证券化资产、信托资产、基金份额等形式的债权转让行为"。

因此,保理公司通过信息中介机构进行债权转让的模式同样不符合《暂行办法》的监管规则。

三、网络借贷模式现存法律问题

(一)网络借贷平台的诉讼主体资格

根据前文论述过的网络借贷业务中,各方当事人之间的法律关系,可以看出,网络借贷平台作为信息中介机构,仅为出借人与借款人提供居间撮合服务,与借款行为无直接关系。因此,发生逾期之时,网络借贷平台有权作为当事人对借款人提起诉讼的应该仅为以融资信息服务为依据的争议,而无权因借贷关系对其提起诉讼。

但是实践中,考虑到出借人可能来自全国各地,出借金额也各有不同,发生逾期之时,出借人诉讼成本过高,为了消除出借人的顾虑,大多数网络借贷平台会选择在借款人逾期时,且担保方不能代偿或无担保方的情况之下,由平台与相应出借人签订债权转让协议,以自有资金对逾期款项进行垫付,并取得相应债权,由此作为债权人提起诉讼。也有一部分网络借贷平台则直接在借款人、出借人与网络借贷平台之间的三方借款协议中约定,如借款人逾期超过一定时间(如90天),则平台无偿取得债权,进行催收或提起诉讼,追偿得到的款项扣除相应费用后,再偿付给出借人。

（二）电子合同的效力

互联网金融由于其以互联网为基础的特性，几乎一切业务均在网络上进行，无论是借款人还是出借人，均可能来自全国各地，且一般来说，每一笔借款的出借方都会达到数十人甚至上百人。因此实践中，网络借贷平台上的借款协议、注册协议等采用电子文本形式，并以点击方式确认。

电子合同的效力在《合同法》中已经确认，《合同法》第 11 条明确规定，书面形式是指合同书、信件和数据电文（包括电报、电传、传真、电子数据交换和电子邮件）等可以有形地表现所载内容的形式，并且《电子签名法》也明确了电子签名、数据电文的效力。《民事诉讼法》第 36 条也明确规定电子数据可以作为证据使用。

电子合同应当以能够有形地表现所载内容，并可以随时调取查用的数据电文，能够有效地表现所载内容并可供随时调取查用，能够可靠地保证自最终形成时起，内容保持完整、未被更改等为前提条件。但出于技术及成本考虑，上述电子合同大多未采用电子时间戳服务，或者通过第三方进行电子存证。因此，电子合同的效力在司法上仍然需要进行进一步的确认。

另外，为了提高借款的成功率，同时保障出借人的资金安全，一些网络借贷平台作为信息中介机构，会对其发布的借款信息进行审核，对借款人的还款能力进行初步的调查。而对借款人基本信息的查询需要建立在借款人进行授权的基础上，网络借贷平台在获得借款人合法授权后，会向第三方认证机构（如征信机构）查询借款人的相关信息，如身份验证等，以尽到居间人责任。

但是鉴于网络借贷发生在线上，且人数较多，地域分布较分散，很难实现由借款人线下一一签订书面授权书。实践中，借款人一般会在电子合同中加入授权条款，授权平台对其相关信息进行查询，但是这种电子合同中的授权条款是否具有与书面授权同等的效力仍然需要进一步在立法与司法实践中进行确认。

（三）担保与反担保中的抵押登记

目前，由于我国征信体系不完善，借款人的信用数据记录单薄，没有对每个人的信用分数进行参考。因此，实践中许多信用中介机构发布的借款项目还是由借款人提供担保。而在有融资性担保公司进行担保的项目中，有时融资性担保公司也会要求借款人进行反担保。

《暂行办法》第16条规定："网络借贷信息中介机构在互联网、固定电话、移动电话等电子渠道以外的物理场所只能进行信用信息采集、核实、贷后跟踪、抵质押管理等风险管理及网络借贷有关监管规定明确的部分必要经营环节。"因此，在线下进行抵押、质押登记应当也是平台的义务。但是网络借贷中的担保在实践中仍然存在一些障碍，我国《担保法》第41条规定："当事人以本法第四十二条规定的财产抵押的，应当办理抵押物登记，抵押合同自登记之日起生效。"该法第44条规定，办理抵押物登记应当向登记部门提供主合同和抵押合同。但是，网络借贷合同只有电子版，没有书面合同，且对于一个借款人对应多个出借人的情况，众多出借人均为债权人，分散各地，很难办理抵押权登记。

为了解决这一问题，实践中信息中介机构往往指定第三人代理出借人进行抵押登记。在线上，由出借人与借款人签订真实的网络借款合同，同时，出借人、借款人与平台协议约定，由平台指定第三人代替出借人办理抵押权。第三人在线下先与借款人签订另外一个借款合同，然后双方再签订抵押合同，对这份抵押合同进行抵押登记。这样就出现线上和线下两份主体不同的借款合同，线上合同的借款主体是真正的借款人，线下合同的借款主体是第三人，因此抵押登记中的抵押权人也不是实际的出借人。

这种抵押登记与真实的借款合同不相符的情况，在实践中非常容易出现纠纷。并且，进行担保登记的第三人与债务人签订的担保合同所担保的债权债务并不是真实存在的，由于担保合同具有的从属性，借款合同无效时，担保合同会随之失去效力。但是，在实践中此种担保情况是网络贷款现实的迫切需要，全部认定无效实不利于债权人利益的保护，所以，应在全面了解案情的基础上深入分析。若没有非法集资的问题，也非由于出借人、担保人(担保人非借款人时)、第三人(出借人担保代理人)出现欺诈或未违反法律法规的效力性强制规定时，应从契约自由、契约正义、债权保护的角度综合分析，不宜简单认定无效。

另外，在实践中一些融资性担保公司提供担保后，还会要求借款人对其提供反担保。在反担保中，有的需要进行抵押物登记，但是由于主合同是在网上签订的电子合同，登记部门不进行抵押登记。这种情况下，债务人对担保人的反担保不能生效，担保人在对借款合同的出借人清偿后，自己向债务人追偿时权益的实现也就不能得到保障。因此，反担保的登记问题与电子合同的效力问题也有紧密的联系，急待权威机构进行可信时间戳认证，用于解决数据电文的真实存在性和内容完整性证明，以使其适用于法律效力的证明需要。

四、纠纷的类型及其反映的法律问题

（一）类型一：出借人与信息中介机构之间的纠纷

在网络借贷关系中，目前发生最多的纠纷主要是出借人与信息中介机构之间的纠纷，目前在网络借贷纠纷中已经出现的司法判决案例也主要集中在出借人与信息中介机构之间。出借人与信息中介机构之间的纠纷最主要的形式体现为：借款人逾期未偿还借款本息，出借人权利受到侵害后要求信息中介机构承担还款义务或对出借人的损失进行赔偿。

在网络借贷的法律关系中，出借人、借款人与信息中介机构三方之间的关系是网络借贷中最基础的三方关系，信息中介机构作为信息中介机构，与出借人和借款人之间形成居间合同关系，为双方提供信息中介。

在出借人与信息中介机构之间发生这类纠纷，主要反映出的问题是：一些出借人对于信息中介机构的性质没有明确的认识，并且一些信息中介机构超越自身的信息中介机构地位作出了直接或变相的担保或承诺保本保息，更加加深了部分出借人对于信息中介机构法律地位的误解，加之信息中介机构对于借款人信息披露的不规范，使出借人难以充分掌握借款人的信息。因此，在借款人逾期未能清偿借款本息的情况下，出借人往往会首先选择要求信息中介机构承担还款责任或要求信息中介机构承担保证责任。

《暂行办法》对信息中介机构应当承担的义务和不得从事的行为进行了列举性的规定，进一步对信息中介机构地位进行了明确。根据《暂行办法》的规定，信息中介机构主要的义务是直接借贷信息的采集整理、甄别筛选、网上发布等，不得直接或变相向出借人提供担保或者承诺保本保息。

《暂行办法》中明确了信息中介机构不得直接或间接为借款提供担保，但是在发生这类纠纷时，如果有证据证明信息中介机构有为借款提供担保的意思表示，根据《最高人民法院关于审理民间借贷案件适用法律若干问题的规定》第22条规定："借贷双方通过网络贷款平台形成借贷关系，网络贷款平台的提供者仅提供媒介服务，当事人请求其承担担保责任的，人民法院不予支持。网络贷款平台的提供者通过网页、广告或者其他媒介明示或者有其他证据证明其为借贷提供担保,出借人请求网络贷款平台的提供者承担担保责任的,人民法院应予支持。"因此,应当认定信息中介机构提供担保的意思表示真实,并且《暂行办法》的禁止性规定不影响信息中介机构提供担保的意思表示的效力。

（二）类型二:信息中介机构与借款人之间的纠纷

在出借人、借款人与信息中介机构作为网络借贷中最主要的三方主体,除了发生在出借人与信息中介机构之间的纠纷外,网络借贷中另一类比较常见的纠纷发生在信息中介机构与借款人之间,主要的纠纷形式体现为在借款人逾期没有偿还借款本息,信息中介机构按照与出借人协议中的承诺先行向出借人支付了借款的本息后,向借款人进行追偿。

在出借人、借款人与信息中介机构的三方关系中,信息中介机构不仅与出借人之间是居间合同的关系,与借款人之间的法律关系也同样是居间合同的关系,出借人与借款人通过信息中介机构的信息中介形成了借款合同的关系。因此,相对于借款人而言,信息中介机构对于借款人的债务不应当承担担保责任。

但是在实践中,为了吸引投资者,一些信息中介机构使用自有资金设立了风险准备金。当信息中介机构上的借款项目出现借款人到期无力清偿债务等违约情形,担保方也无力承担代偿义务,或是无担保模式下的借款项目逾期还款时,信息中介机构即使用该风险准备金向信息中介机构投资人代为偿还债务,后向借款人、担保人行使追索权。在这种情形中,信息中介机构实际上突破了其信息中介结构的地位而充当了信用中介。

虽然就法律关系而言,信息中介机构的性质应当是信息中介机构,并且在《指导意见》中就已经禁止信息中介机构进行增信,2016 年 8 月 17 日出台的《暂行办法》中更是明确将直接或变相向出借人提供担保或者承诺保本保息作为禁止性的行为进行规定,但是在信息中介机构已经承担了保证责任的情况下,根据《最高人民法院关于审理民间借贷案件适用法律若干问题的规定》的规定,"网络贷款平台的提供者通过网页、广告或者其他媒介明示或者有其他证据证明其为借贷提供担保,出借人请求网络贷款平台的提供者承担担保责任的,人民法院应予支持"。

因此,在有信息中介机构做出此类承诺并且承担了保证责任的,应当认为保证合同有效,信息中介机构在承担了保证责任后,有权向借款人进行追偿。

（三）类型三：担保公司或小贷公司与借款人之间的纠纷

《指导意见》中就已经明确规定了信息中介机构不得提供增信服务，而在新颁布的《暂行办法》中更是通过对具体的禁止性行为进行列举，明确规定信息中介机构不得向出借人提供担保。在此背景下，越来越多的信息中介机构将会通过选择与担保公司或小贷公司合作的方式进行增信，从而吸引信息中介机构投资人。在这种模式中，由融资性担保公司或小贷公司向出借人提供担保，借款人未能依约清偿债务的，担保公司或小贷公司依照《借款合同》中的担保条款承担保证责任。

担保公司或小贷公司承担保证责任后，有权向借款人进行追偿，因此就会出现第三类纠纷：借款人逾期未偿还借款本息，担保公司或小贷公司按照合同约定承担保证后，向借款人进行追偿。

在这种模式中，融资性担保公司或小贷公司一般都会与信息中介机构建立较为固定的合作关系，并且互相进行项目的推荐。在融资性担保机构或小贷公司向网贷信息中介机构推荐项目的情况下，因为担保公司或小贷公司已经事先做了借款人资信情况的尽职调查，其面临的风险并不会明显提高。但是如果项目是由信息中介机构向融资性担保机构或小贷公司推荐，由信息中介机构承担对项目的尽职调查，无论是由于信息中介机构能力有限，风险控制机制不完善，导致借款人信息不对称，还是信息中介机构为了促成业务量而故意不尽调的情况，都会使资信不足的借款人出现的概率大大提高，借款人违约的概率也相应提高，融资性担保公司或小贷公司承担保证责任的可能性也越大，并且承担保证责任后向借款人追偿的难度也随之加大。

因此，在融资性担保公司或小贷公司与借款人的纠纷中，虽然按照合同约定其承担保证责任后有权向借款人进行追偿，法院应予支持，但是在实践中出现借款人逾期未偿还借款本息的情况下，由于信息中介机构对于项目尽职调查的不完善，可能会出现难以确认当事人身份造成起诉难或难以掌握借款人资产造成的执行难问题。

（四）类型四：出借人与借款人之间的纠纷

在网络借贷中，出借人与借款人是最基础的主体，它们之间形成的借贷法律关系是网络借贷中最重要的法律关系。

在网络借贷中出借人与借款人之间的借款合同是网络借贷中最基础的法律关系,出借人与借款人之间由于借款人不能偿还本息等情况的发生,最容易出现纠纷。但是通过案例检索我们不难发现,实践中网络借贷的出借人与借款人的纠纷最终通过法院判决解决的案例非常少,由于网络借贷相比于普通民间借贷的特殊性,网络借贷中出借人与借款人发生纠纷后,较难通过司法途径进行解决。

出现这种情况的原因主要有以下几个方面:

第一,互联网金融涉及主体范围广泛,并且由于网络的开放性使主体地域分布经常较为分散,虽然可以根据《民事诉讼法》及相关法律解释确定管辖法院,但是原被告住所地相距遥远还是会给诉讼造成众多不便,使原被告不能或不愿到庭参加诉讼的情况也较为普遍,并且当事人参加诉讼面临的诉讼成本也随之加大。

第二,根据《民事诉讼法》的规定,我国一审普通程序的审理期限为 6 个月,简易程序较短也仍然需要 3 个月,并且在诉讼期间还会出现公告、管辖权异议等延长诉讼时效的情况,使纠纷解决经历的时间较长。网络借贷中出借人的投资数额往往较小,面对诉讼的时间成本与金钱成本,许多当事人无奈选择放弃诉讼。

第三,诉讼必须有明确的被告,这在普通的诉讼中一般不会构成原告起诉的障碍,而在网络借贷中,出借人与借款人并不直接接触,而是通过信息中介机构在线上签订借款合同,出借人仅能通过信息中介机构发布的信息了解借款人的信息。然而在信息中介机构未对借款人信息进行尽职审核或故意隐瞒借款人真实信息的情况下,出借人往往难以掌握借款人的信息,确定借款人的身份,这也对出借人通过诉讼解决网络借贷纠纷造成了巨大的困难。

第四,网络借贷中的证据主要为电子证据,虽然目前电子证据的效力问题已经得到了肯定,但是电子证据由于其自身的特点仍然存在不易保存并且易受到破坏与篡改的问题,因此网络借贷中案件事实的证明问题也会对纠纷的解决造成一定的障碍。

五、案例分析

(一)案例一:出借人与信息中介机构之间的纠纷

1. 案例介绍[①]

拍拍贷网站是被告拍拍贷公司运营的网络借贷平台,原告唐某的注册用户名×××××××45,被告李某的注册用户名ly××××。2012年12月31日被告李某通过平台发布"××优质商家信用贷潍坊××宾馆经营借款",金额100,000元,年利率20%,期限12个月的借款需求。原告唐某通过网上投标向被告李某出借8000元。被告李某的100,000元借款由众多网上出借人投标满额后,由拍拍贷公司对借款人即被告李某提供的材料进行审核评估、收取平台服务费用、并将出借人的借款转入被告李某的银行账户。2013年1月1日被告李某与包括原告在内的众多出借人在平台上上达成编号为24××××的电子借款协议,并言明该协议是使用了拍拍贷网站的居间服务,并根据拍拍贷网站的《服务协议》、《出借人协议》、《借款人协议》自愿达成并签订的。上述借款协议明确,原告唐某与被告李某的借款金额为8000元,借款期限12个月,年利率20%,分12期还清,每期还款额(含本金、利息)均为741.07元,月截止还款日为每月1日,若逾期未还款,则借款人应向出借人支付逾期利息,逾期利率为银行同期贷款利率的四倍。2013年4月起李某未归还借款本金及利息,故原告诉至法院,要求被告李某偿还借款本息,被告拍拍贷公司承担连带还款责任。

法院审理后认为,原告与被告李某之间的民间借贷合同关系有网上借款协议为证,该民间借贷合同关系明确、合法,应受法律保护。本案的争议焦点主要在于被告拍拍贷公司是否是该笔借款的还款主体。依据借款协议及原告及被告拍拍贷公司在庭审中的陈述,被告拍拍贷公司在本起借款关系中主要行为是提供平台、审核信息,其地位应为居间人,而非借款方或保证人,原告关于被告拍拍贷公司应承担连带还款责任的请求无依据,法院不予支持。依据《借出人注册协议》,原告在借出钱款时,对不能知晓借款人的真实姓名和地址的情况应属明知,相应风险由其自行负担。剩余借款本金共计6774.39元、利息共计636.31元,应由被告李某予以偿付。关于逾期利息,原告所主张的每期债务的相应逾期利息,

---

① 参见(2014)浦民一(民)初字第14813号:唐某诉李某等民间借贷纠纷案。

加上借期内的利息，已超出法律规定，相应利息由本院依法予以调整。

2. 争议焦点及法律问题分析

这是在网络借贷中最经常发生的诉讼类型，这类诉讼中争议的焦点在于，在借款人未能按期偿还借款本金及利息的情况下，信息中介机构是否应当对借款承担保证责任。

针对这一争议焦点，从网络借贷的法律关系来看，信息中介机构与出借人和借款人之间形成居间合同关系，因此信息中介机构的法律地位应当是居间人，信息中介机构的义务主要为为借款人与出借人提供信息中介。《暂行办法》中也对信息中介机构的信息中介机构地位进行具体的规定：根据《暂行办法》的规定，其主要的义务是直接借贷信息的采集整理、甄别筛选、网上发布等，不得直接或变相向出借人提供担保或者承诺保本保息。并且根据《最高人民法院关于审理民间借贷案件适用法律若干问题的规定》第 22 条规定："借贷双方通过网络贷款平台形成借贷关系，网络贷款平台的提供者仅提供媒介服务，当事人请求其承担担保责任的，人民法院不予支持。……"

但是，如果案例中信息中介机构为了吸引投资者，在其与出借人签订的《投资服务协议中》约定：如遇借款人到期为偿还借款本息的情况，由信息中介机构先行承担垫付责任，或在其网页、广告等中承诺为借款担保的情况下，虽然信息中介机构为贷款提供增信的行为违反了《指导意见》与《暂行办法》中的监管规定，但是根据《最高人民法院关于审理民间借贷案件适用法律若干问题的规定》第 22 条规定："……网络贷款平台的提供者通过网页、广告或者其他媒介明示或者有其他证据证明其为借贷提供担保，出借人请求网络贷款平台的提供者承担担保责任的，人民法院应予支持。"

因此，在出借人要求信息中介机构承担保证责任的案件中，围绕信息中介机构是否应当承担连带责任这一争议焦点，主要应当依据出借人与信息中介机构之间《投资服务协议》以及与借款人之间《借款协议》中具体的约定进行判断。

但是，应当注意的是对于承诺承担担保责任的信息中介机构，在依照其意思表示承担保证责任的同时，还相当承担违反监管规则的违规责任，对于涉嫌犯罪的信息中介机构，还应当承担相应的刑事责任。

(二)案例类型二:借款人与保证人之间的纠纷

1.案例介绍①

翼龙贷公司是从事为借贷双方提供 P2P 个人借贷信息、信用咨询等交易信息管理服务平台的公司,该公司仅提供媒介服务,即通过该平台向出借人及借款人提供信息交互,撮合交易。原告阜运投资公司通过与翼龙贷公司及翼金公司签订三方协议的方式成为翼龙贷公司的社区网络体验店,负责开发具有投资意向及资金需求的客户。三方协议约定,阜运投资公司必须按规定对通过翼龙贷公司 P2P 平台产生的逾期债权进行收购(放款人拒绝转让的除外),并追偿借入方在本网络贷款平台进行的各项借款,包括但不限于借款本金、利息、违约金等。

2014 年 6 月 23 日被告任某、汪某夫妻二人以购买楼房缺少部分资金为由,与翼龙贷公司及贷出方某等 13 人签订了《网络借款电子借条》,向贷出方某等 13 人借款人民币 50,000 元,借款期限自 2014 年 6 月 23 日至 2015 年 6 月 22 日贷款年利率为 20%。《借条》第 1 条约定借入方必须于每月 22 日结算当月利息。第 4 条第 2 款约定,如违约方为借入方的,贷出方有权立即解除本协议,并要求借入方立即偿还未偿还的本金、利息、逾期罚息、违约金等。在《借条》附加条款中约定,当借款人逾期超过 30 日未还款时,翼龙贷网将由系统自动发布债权转让通知,如放款人在 10 日内未撤销债权转让的,由翼龙贷网系统自动完成债权收购。

任某、汪某二人获得 50,000 元贷款后,只如约偿还利息至 2015 年 4 月 22 日,其后的利息及本金经原告方多次催要,被告拖延给付。根据《借条》约定,借款人已构成违约,原告阜运投资公司根据与翼龙贷公司及翼金公司签订的三方协议,在及时收购该逾期债权后,诉至法院,请求判令被告偿还借款本息。

法院认为,本案是基于网络 P2P 借贷平台产生的借贷关系纠纷,翼龙贷公司作为 P2P 借贷平台的提供者,其本身并不提供资金,也并不以自有资金向出借人提供本金和利息的保证,而是以签订三方协议的形式引入融资性担保公司或小贷公司对借款人进行担保。具体到本案,根据原告阜运投资公司与翼龙贷公司及翼金公司三方签订的协议,在借款人不能按期付款时,由阜运投资公司及时收购该逾期债权,实质是由阜运投资公司替代借款人偿付本金及利息,并自替代偿

---

① 参见(2016)内 0426 民初 361 号:阜运公司诉任某 2 人追偿权纠纷。

付之日起,取得借款人的债权。在此经营模式下,阜运投资公司亦未直接向借款人提供资金。因此,无论阜运投资公司与翼龙贷公司及翼金公司之间签订的三方协议,还是借款人、出借人及阜运投资公司之间签订的网络电子借条,均不违反法律、行政法规的相关规定及有关金融监管政策,合法有效。基于前述分析,审理认为,本案被告即借款人任某、汪某在未按时偿还借款情况下,原告阜运投资公司及时收购该逾期债权,翼龙贷公司通过网络P2P平台系统自动发布了债权转让通知,因此,阜运投资公司取得了向任某、汪某追偿的权利。故阜运投资公司要求任某、汪某给付借款本金50,000元及利息的诉讼请求,于法有据,法院予以支持。对于原告要求被告给付催收费500元的诉讼请求,因其未提供相应证据,本院不予支持。原告同时主张给付罚息6900元,因该罚息利率为1.25%,借款年利率为20%,两项利率之和已经超过了年利率24%。因此,对超出部分不予保护。借款利率及罚息两项应调整为年利率24%为宜。

2. 争议焦点及法律问题分析

这类案件争议的焦点在于保证人承担保证责任后是否有权向借款人进行追偿。案例中的保证人可能是信息中介机构、融资性担保机构或小贷公司等。

信息中介机构自身不能够为借款进行增信,因此一些信息中介机构为了吸引出借人,与融资性担保公司或小贷公司进行合作,由这些机构对借款进行担保。这类案件中,由担保方与出借人签订担保合同或在出借人与借款人之间的《借款合同》中对担保的内容进行了约定。在此类案例中,还有一些小贷公司会与借款人约定在逾期的情况下进行"债权转让",由借款人将逾期的债权转让给小贷公司,这种"债权转让"的约定,在实质上仍然是一种担保。因此,在借款人逾期未能清偿债务时,保证人应当按照约定承担保证责任,并且承担保证责任后,融资性担保公司或小贷公司有权向借款人进行追偿。

信息中介机构虽然不能作为信用中介为借款进行增信,但是根据《最高人民法院关于审理民间借贷案件适用法律若干问题的规定》的规定,如有证据证明其为借款提供了担保的,出借人向人民法院请求其承担担保责任的应予支持。在这种情况下,信息中介机构承担担保责任后,也应当有权向借款人进行追偿。

(三)案例类型三:信息中介机构涉嫌犯罪时,民事纠纷的处理

1. 案例介绍①

金六福公司发布光大信投网站开业公告,光大信投平台开业推出激励性大奖,活动日期2013年9月24日至10月23日,发标为1个月标、2个月标、3个月标,基本年利率21.6%,免利息管理费,免VIP注册费……。同年10月12日金六福公司发布《光大信投推出多月标现金大奖》的公告,活动期限2013年10月12日至10月23日,活动内容为二月标在开业公告的奖励基础上一次性追加现金奖励4‰、三月标在开业公告的奖励基础上一次性追加现金奖励12‰,活动方式为标满次日14:00前发放到投资人的银行卡。同年11月21日元亨公司、光大信投互联网金融平台联合发布《关于光大信投更换银行卡》的公告,将光大信投的充值账户变更为高某,并注明高某系元亨公司董事长。后原告陈某通过线上、线下充值等方式汇入资金进行了投资。

2013年11月15日元亨公司出具资金保障承诺书,承诺对金六福公司旗下光大信投P2P平台的投资款按时兑现提供全额保障,并承担无限连带责任,同时将监督光大信投真实发标,对应转款,充分保护投资人的权利。

另查明,2014年5月27日南京市公安局秦淮分局对王某、张某涉嫌非法吸收公众存款一案立案侦查,现王某已被公安机关立案侦查,公安机关已发布在逃人员信息,对张某进行追逃。

原审法院认为,陈某的款项均是通过金六福公司旗下光大信投P2P平台进行资金运作,而金六福公司的法定代表人王某、股东张某涉嫌非法吸收公众存款案已经公安机关立案侦查,故本案确属涉嫌经济犯罪,依法应当裁定驳回起诉,并将有关材料移送公安机关。据此,依照《民事诉讼法》第154条第1款第3项、《最高人民法院关于在审理经济纠纷案件中涉及经济犯罪嫌疑若干问题的规定》第11条的规定,原审裁定驳回陈某的起诉。

二审归纳争议焦点为:一审裁定驳回陈某起诉法律依据是否充分。

二审法院院经审查认为,《最高人民法院关于在审理经济纠纷案件中涉及经

---

① 参见(2015)宁商终字第463号:陈某与南京金六福金融信息服务有限公司等借款合同纠纷上诉案。

济犯罪嫌疑若干问题的规定》第11条规定,人民法院作为经济纠纷受理的案件,经审理认为不属经济纠纷案件而有经济犯罪嫌疑的,应当裁定驳回起诉,将有关材料移送公安机关或检察机关。本案系陈某起诉要求金六福公司支付陈某通过光大信投P2P网络借贷平台出借的资金,但金六福公司法定代表人王某及股东张某涉嫌通过设立光大信投网站吸收公众存款已被公安机关立案侦查,陈某系该刑事案件受害人之一,故本案应移送公安机关一并处理为宜。原审法院裁定驳回陈某对金六福公司、元亨公司的起诉并无不当,应予维持。

2. 争议焦点及法律问题分析

这是网络借贷的案例中一种较为特殊的类型,信息中介机构涉嫌犯罪在已经被公安机关立案调查或已经由检察机关提起公诉的情况下,信息中介机构相关民事案件的处理。

这类案件的争议的主要焦点为信息中介机构涉嫌犯罪的情况下,民事案件应当与刑事案件分开审理还是应当驳回起诉,将有关材料移交公安或检察机关。

对于这类案件,《最高人民法院关于在审理经济纠纷案件中涉及经济犯罪嫌疑若干问题的规定》第11条规定,人民法院作为经济纠纷受理的案件,经审理认为不属经济纠纷案件而有经济犯罪嫌疑的,应当裁定驳回起诉,将有关材料移送公安机关或检察机关。

因此,目前的案例中对于涉嫌犯罪的信息中介机构相关的民事纠纷案件,法院最终判决驳回起诉。

(四)案例类型四:非法吸收公众存款罪

1. 案例介绍①

2012年年底被告人刘某某委托杭州融都科技有限公司搭建了从事融资中介业务的网络平台(融都P2P借贷系统),命名为“徽州贷”。刘某某先后租用合肥市高新区中瑞大厦一房间和蜀山区海雨大厦706室作为办公场所,以其收购全部股权的安徽徽立房地产投资管理有限公司扮演网络融资中介的角色,在“徽州贷”网络平台上发布各类投资标的,以每年20%左右的高额投资回报,吸引投资人竞相投资,即借款给所谓的“融资人”。但刘某某并未实际从事融资中介业务,

① 参见(2016)皖01刑终88号:刘某某、刘某等非法吸收公众存款罪二审刑事裁定书。

而是将投资人转入“国付宝”等第三方支付平台账户内的资金划入其个人银行账户，或者让投资人直接将投资款转入其个人银行账户内，然后再对外放贷赚取利息差，或者进行投资牟利。在对外放贷或投资无法收回的情况下，刘某某即以后期所吸收的资金支付前期投资者的本金和利息。

被告人刘某自“徽州贷”开始运营时，即受刘某某雇佣，担任运营主管，负责客户服务人员的管理和“徽州贷”网络平台的管理和维护，包括发布虚假投资标的等，每月领取10,000元报酬。2013年10月底刘某离职，被告人王某接替了刘某的工作，获取同等的报酬，继续帮助刘某某吸收资金。

2014年2月28日被告人刘某某被公安机关抓获归案；刘某某归案后，协助公安机关将被告人王某抓获归案。2014年3月2日在王某协助下，公安机关在杭州市将被告人刘某抓获归案。

经审计，刘某某通过“徽州贷”网络平台，吸收了全国各地2000余名投资者的资金计248,597,503.86元，并有44,667,682.55元本金未能归还。其中刘某任职期间帮助刘某某吸收资金计235,999,542.17元，王某任职期间帮助刘某某吸收资金计12,597,961.69元。

原审法院认为：被告人刘某某未经金融管理部门批准，通过“徽州贷”网络平台发布各类投资信息，以允诺支付高额利息为诱饵，吸引众多投资者在该平台上投资，公开向社会不特定对象吸收资金，计248,597,503.86元，数额巨大，并有44,667,682.55元本金未能归还；被告人刘某、王某先后受刘某某的雇佣，帮助其吸收公众资金，其中，刘某参与吸收资金235,999,542.17元，王某参与吸收资金12,597,961.69元，均属数额巨大。三被告人的行为严重扰乱了金融秩序，其行为均已构成非法吸收公众存款罪。

原审被告人刘某某上诉认为其不是共同犯罪的组织策划者和犯意提起者，不是主犯。其二审期间检举他人犯罪，构成立功。辩护人同意其上诉意见，认为刘某某不是主犯，结合其有立功表现，希望二审法院对其从轻处罚。

二审法院查后认为，刘某某是“徽州贷”网络平台的发起人和组建者，其任法定代表人的安徽徽立房地产公司在该平台上扮演融资中介，同案犯刘某、王某受刘某某雇佣，并按照刘某某的指示管理公司、发布虚假投资标的，吸引投资者，该平台吸收的资金也由刘某某进行支配、投资。以上事实有刘某某的供述、同案犯的供述、相关证人证言等证据予以印证,能够证实刘某某在共同犯罪中系主犯。因此,该意见不能成立,不予采纳。

二审法院认为:上诉人刘某某未经金融管理部门批准,通过“徽州贷”网络平台发布各类投资信息,以允诺支付高额利息为诱饵,吸引众多投资者在该平台上投资,公开向社会不特定对象吸收资金,计 248,597,503.86 元,数额巨大,并有 44,667,682.55 元本金未能归还;上诉人刘某、原审被告人王某先后受刘某某的雇佣,帮助其吸收公众资金,其中,刘某参与吸收资金 235,999,542.17 元,王某参与吸收资金 12,597,961.69 元,均属数额巨大。三人均已构成非法吸收公众存款罪。驳回上诉,维持原判。

2. 法律问题分析

《刑法》第 176 条规定了非法吸收公众存款罪,“非法吸收公众存款或者变相吸收公众存款,扰乱金融秩序的,处三年以下有期徒刑或者拘役,并处或者单处二万元以上二十万元以下罚金;数额巨大或者有其他严重情节的,处三年以上十年以下有期徒刑,并处五万元以上五十万元以下罚金。”

“非法吸收公众存款”,是指行为人违反国家法律、法规的规定在社会上以存款的形式公开吸收公众资金的行为。2011 年开始实施的《最高人民法院关于审理非法集资刑事案件具体应用法律若干问题的解释》第 1 条对非法吸收公众存款罪的认定进行了进一步的规定:“违反国家金融管理法律规定,向社会公众(包括单位和个人)吸收资金的行为,同时具备下列四个条件的,除刑法另有规定的以外,应当认定为刑法第一百七十六条规定的‘非法吸收公众存款或者变相吸收公众存款’:(一)未经有关部门依法批准或者借用合法经营的形式吸收资金;(二)通过媒体、推介会、传单、手机短信等途径向社会公开宣传;(三)承诺在一定期限内以货币、实物、股权等方式还本付息或者给付回报;(四)向社会公众即社会不特定对象吸收资金。”

根据该司法解释,对非法集资的认定采用四个标准,非法性、公开性、利诱性、社会性。因此,必须同时具备这四个要素才构成非法集资犯罪。①

① 刘为波:“《关于审理非法集资刑事案件具体应用法律若干问题的解释》的理解与适用”,载《人民司法》2011 年第 5 期。

六、建议

网络借贷在我国虽然已经经历了几年的发展，但是在发展的初期由于对网络借贷乃至整个互联网金融行业本质的认识不明确，以及相关监管规则的相对滞后，使我国的互联网金融，尤其是网络借贷长期处在较为野蛮的发展阶段。在这一阶段，由于本身的特点以及监管规则的相对滞后，网络借贷的发展中出现了较多的问题，各类纠纷也时有发生。

网络借贷中的纠纷频繁，但是长期以来对于网络借贷纠纷解决却缺乏具体的有针对性的规定。虽然网络借贷的本质还是借贷，《民法通则》、《合同法》、《最高人民法院关于审理民间借贷案件适用法律若干问题的规定》中的有关规定在网络借贷中同样适用，但是传统的诉讼方式在解决和网络借贷的问题时，还是存在一些局限性。

针对网络借贷纠纷解决中的问题，国内外已经有了一些先进的经验可以借鉴。

（一）线上纠纷解决机制的建立

网络借贷依托于互联网，交易的各项行为都是通过网络进行的，由于互联网的开放性，互联网上的任何人都可能进入信息中介机构，成为网络借贷参与主体，因此，网络借贷主体分布的地域范围可能非常广泛。这种开放性为主体提供了更多的交易机会，但是同时也使发生纠纷后解决纠纷的时间与金钱成本增加。而网络借贷中的投资者投资的金额一般较小，相对于巨大的时间、金钱成本，许多投资者可能会因此放弃通过诉讼解决纠纷。

在线纠纷解决可以应用于调解、仲裁、诉讼等各种纠纷解决方式。在仲裁领域，广州市仲裁委员会设立了网络仲裁庭，并且针对网络借贷的网络仲裁制定了专门的仲裁规则。而在法院方面，浙江省也率先进行了网上审判的试点并且取得了良好的效果。

在线纠纷解决机制作为替代性纠纷解决机制的一种方式，同样依托于互联网远程进行，能够针对性地解决网络借贷中纠纷当事人分布地域广泛的问题。在线纠纷解决与传统纠纷解决方式相比，主要的特点就在于解决纠纷的过程在线上进行，双方当事人通过网络进行证据的交换以及质证、辩论等环节。网络借贷的交易都在线上进行，所产生的电子合同等证据也多为电子证据，通过线上进行传递非常便捷,同时还能够解决当事人空间距离相距遥远的问题。

浙江省的网上审判收到了良好的效果,但是主要适用于电子商务领域的案件,网络借贷与电子商务都依托网络进行,它们之间有许多相似之处,因此可以将在线审判适用的领域拓展到网络借贷,并且在更多的省份进行开展。

(二)建立并完善信息中介机构内部及行业自律组织的调解机制

我国目前信息中介机构的数量庞大。并且不断呈现增长的趋势,参与网络借贷的当事人数量也随之增加,加之发展不规范的问题依然存在,大量有关网络借贷的纠纷的案件也就此产生。大量的网络借贷纠纷案件如果都通过诉讼解决不仅对于当事人而言诉讼成本大、花费时间长,并且对于法院而言也压力较大。同时,网络借贷纠纷有时涉及众多的当事人,进一步增加了诉讼的成本和难度。

在信息中介机构内部与行业自律组织中建立纠纷解决机制,有利于网络借贷领域多层次纠纷解决机制的建立。在纠纷发生后,当时人可以首先选择在信息中介机构内部进行调解,如果双方能够自愿达成调解协议,则该协议的效力相当于合同,对双方都有约束力。在信息中介机构内部无法达成协议的情况下,当事人可以选择行业自律组织进行调解,并且对于当事人与信息中介机构之间的纠纷,也可以申请由行业自律组织进行调解。

行业自律组织作出的裁决目前虽然不具有强制执行力,但是在裁决作出后,当事人可以根据《最高人民法院关于建立健全诉讼与非诉讼相衔接的矛盾纠纷解决机制的若干意见》以及《最高人民法院关于人民调解协议司法确认程序的若干规定》请求法院对上述调解协议的效力进行确认。

在信息中介机构内部以及行业自律协会中建立调节机制,既能够为当事人之间纠纷的解决提供多层次的纠纷解决方式,使纠纷解决更加便捷,也能够对纠纷案件进行分流,在一定程度上减轻法院的负担。

(三)加强金融消费者保护

网络借贷的本质还是金融,网络借贷的参与者自然也属于金融消费者。并且,由于网络借贷的模式与特点,参与者中的出借人都是个人,风险承受能力较弱,更加需要对其进行保护。然而国内目前有关金融消费者保护的制度仍然比较缺乏,《消费者保护法》中虽然有关于金融消费的规定,但是条文过少,无论是在制度设计还是具体实施效果上都显得力不从心,并不能充分保护金融消费者的权益。

为了保护出借人与借款人,《暂行办法》中对信息中介机构的责任进行了进一步的规定。首先,为了保护出借人与借款人的知情权,规定“网络借贷信息中介机构应当向出借人以醒目方式提示网络借贷风险和禁止性行为,并经出借人确认”。其次,“应当对出借人的年龄、财务状况、投资经验、风险偏好、风险承受能力等进行尽职评估,不得向未进行风险评估的出借人提供交易服务”。如果信息中介机构在经营中违反了这些义务,没有对消费者进行风险告知,或未进行合格投资者的审查,则应当由信息中介机构承担相应的责任。

在信息中介机构涉嫌刑事犯罪的情况下,根据《最高人民法院关于在审理经济纠纷案件中涉及经济犯罪嫌疑若干问题的规定》,应当对案件的性质进行判断,区分经济纠纷案件与经济犯罪。经审理认为不属经济纠纷案件而有经济犯罪嫌疑的,应当裁定驳回起诉,将有关材料移送公安机关或检察机关,而人民法院在审理经济纠纷案件中,发现与本案有牵连,但与本案不是同一法律关系的经济犯罪嫌疑线索、材料,应将犯罪嫌疑线索、材料移送有关公安机关或检察机关查处,经济纠纷案件继续审理。而不能将有关涉嫌犯罪信息中介机构的案件一概而论,对于确实属于经济纠纷的案件应当及时进行审判,维护当事人的民事权利。

针对网络借贷民事纠纷的解决方式问题,此次制定的《暂行办法》中也在第29条中列举了4种纠纷解决的方式:(1)自行和解;(2)请求行业自律组织调解;(3)向仲裁部门申请仲裁;(4)向人民法院提起诉讼。建立多层次、多元化的纠纷解决方式,对于我国网络借贷行业的健康发展也有重要的意义。

第四部分　中国人民银行、工业和信息化部、公安部、财政部、工商总局、法制办、银监会、证监会、保监会、国家互联网信息办公室《关于促进互联网金融健康发展的指导意见》

近年来,互联网技术、信息通信技术不断取得突破,推动互联网与金融快速融合,促进了金融创新,提高了金融资源配置效率,但也存在一些问题和风险隐患。为全面贯彻落实党的十八大和十八届二中、三中、四中全会精神,按照党中央、国务院决策部署,遵循"鼓励创新、防范风险、趋利避害、健康发展"的总体要求,从金融业健康发展全局出发,进一步推进金融改革创新和对外开放,促进互联网金融健康发展,经党中央、国务院同意,现提出以下意见。

一、鼓励创新,支持互联网金融稳步发展

互联网金融是传统金融机构与互联网企业(以下统称从业机构)利用互联网技术和信息通信技术实现资金融通、支付、投资和信息中介服务的新型金融业务模式。互联网与金融深度融合是大势所趋,将对金融产品、业务、组织和服务等方面产生更加深刻的影响。互联网金融对促进小微企业发展和扩大就业发挥了现有金融机构难以替代的积极作用，为大众创业、万众创新打开了大门。促进互联网金融健康发展，有利于提升金融服务质量和效率，深化金融改革，促进金融创新发展，扩大金融业对内对外开放，构建多层次金融体系。作为新生事物，互联网金融既需要市场驱动，鼓励创新，也需要政策助力，促进发展。

（一）积极鼓励互联网金融平台、产品和服务创新，激发市场活力。鼓励银行、证券、保险、基金、信托和消费金融等金融机构依托互联网技术，实现传统金融业务与服务转型升级，积极开发基于互联网技术的新产品和新服务。支持有条件的金融机构建设创新型互联网平台开展网络银行、网络证券、网络保险、网络基金销售和网络消费金融等业务。支持互联网企业依法合规设立互联网支付机构、网络借贷平台、股权众筹融资平台、网络金融产品销售平台，建立服务实体经济的多层次金融服务体系，更好地满足中小微企业和个人投融资需求，进一步拓展普惠金融的广度和深度。鼓励电子商务企业在符合金融法律法规规定的条件下自建和完善线上金融服务体系，有效拓展电商供应链业务。鼓励从业机构积极开展产品、服务、技术和管理创新，提升从业机构核心竞争力。

（二）鼓励从业机构相互合作，实现优势互补。支持各类金融机构与互联网企业开展合作，建立良好的互联网金融生态环境和产业链。鼓励银行业金融机构开展业务创新，为第三方支付机构和网络贷款平台等提供资金存管、支付清算等配套服务。支持小微金融服务机构与互联网企业开展业务合作，实现商业模式创新。支持证券、基金、信托、消费金融、期货机构与互联网企业开展合作，拓宽金融产品销售渠道，创新财富管理模式。鼓励保险公司与互联网企业合作，提升互联网金融企业风险抵御能力。

（三）拓宽从业机构融资渠道，改善融资环境。支持社会资本发起设立互联网金融产业投资基金，推动从业机构与创业投资机构、产业投资基金深度合作。鼓励符合条件的优质从业机构在主板、创业板等境内资本市场上市融资。鼓励银行业金融机构按照支持小微企业发展的各项金融政策，对处于初创期的从业机构予以支持。针对互联网企业特点，创新金融产品和服务。

（四）坚持简政放权，提供优质服务。各金融监管部门要积极支持金融机构开展互联网金融业务。按照法律法规规定，对符合条件的互联网企业开展相关金融业务实施高效管理。工商行政管理部门要支持互联网企业依法办理工商注册登记。电信主管部门、国家互联网信息管理部门要积极支持互联网金融业务，电信主管部门对互联网金融业务涉及的电信业务进行监管，国家互联网信息管理部门负责对金融信息服务、互联网信息内容等业务进行监管。积极开展互联网金融领域立法研究，适时出台相关管理规章，营造有利于互联网金融发展的良好制度环境。加大对从业机构专利、商标等知识产权的保护力度。鼓励省级人民政府加大对互联网金融的政策支持。支持设立专业化互联网金融研究机构，鼓励建设互联网金融信息交流平台，积极开展互联网金融研究。

（五）落实和完善有关财税政策。按照税收公平原则，对于业务规模较小、处于初创期的从业机构，符合我国现行对中小企业特别是小微企业税收政策条件的，可按规定享受税收优惠政策。结合金融业营业税改征增值税改革，统筹完善互联网金融税收政策。落实从业机构新技术、新产品研发费用税前加计扣除政策。

（六）推动信用基础设施建设，培育互联网金融配套服务体系。支持大数据存储、网络与信息安全维护等技术领域基础设施建设。鼓励从业机构依法建立信用信息共享平台。推动符合条件的相关从业机构接入金融信用信息基础数据库。允许有条件的从业机构依法申请征信业务许可。支持具备资质的信用中介组织开展互联网企业信用评级，增强市场信息透明度。鼓励会计、审计、法律、咨询等中介服务机构为互联网企业提供相关专业服务。

二、分类指导，明确互联网金融监管责任

互联网金融本质仍属于金融，没有改变金融风险隐蔽性、传染性、广泛性和突发性的特点。加强互联网金融监管，是促进互联网金融健康发展的内在要求。同时，互联网金融是新生事物和新兴业态，要制定适度宽松的监管政策，为互联网金融创新留有余地和空间。通过鼓励创新和加强监管相互支撑，促进互联网金融健康发展，更好地服务实体经济。互联网金融监管应遵循“依法监管、适度监管、分类监管、协同监管、创新监管”的原则，科学合理界定各业态的业务边界及准入条件，落实监管责任，明确风险底线，保护合法经营，坚决打击违法和违规行为。

（七）互联网支付。互联网支付是指通过计算机、手机等设备，依托互联网发起支付指令、转移货币资金的服务。互联网支付应始终坚持服务电子商务发展和为社会提供小额、快捷、便民小微支付服务的宗旨。银行业金融机构和第三方支付机构从事互联网支付,应遵守现行法律法规和监管规定。第三方支付机构与其他机构开展合作的,应清晰界定各方的权利义务关系,建立有效的风险隔离机制和客户权益保障机制。要向客户充分披露服务信息,清晰地提示业务风险,不得夸大支付服务中介的性质和职能。互联网支付业务由人民银行负责监管。

(八)网络借贷。网络借贷包括个体网络借贷(P2P 网络借贷)和网络小额贷款。个体网络借贷是指个体和个体之间通过互联网平台实现的直接借贷。在个体网络借贷平台上发生的直接借贷行为属于民间借贷范畴,受合同法、民法通则等法律法规以及最高人民法院相关司法解释规范。个体网络借贷要坚持平台功能,为投资方和融资方提供信息交互、撮合、资信评估等中介服务。个体网络借贷机构要明确信息中介性质,主要为借贷双方的直接借贷提供信息服务,不得提供增信服务,不得非法集资。网络小额贷款是指互联网企业通过其控制的小额贷款公司,利用互联网向客户提供的小额贷款。网络小额贷款应遵守现有小额贷款公司监管规定,发挥网络贷款优势,努力降低客户融资成本。网络借贷业务由银监会负责监管。

(九)股权众筹融资。股权众筹融资主要是指通过互联网形式进行公开小额股权融资的活动。股权众筹融资必须通过股权众筹融资中介机构平台(互联网网站或其他类似的电子媒介)进行。股权众筹融资中介机构可以在符合法律法规规定前提下,对业务模式进行创新探索,发挥股权众筹融资作为多层次资本市场有机组成部分的作用,更好地服务创新创业企业。股权众筹融资方应为小微企业,应通过股权众筹融资中介机构向投资人如实披露企业的商业模式、经营管理、财务、资金使用等关键信息,不得误导或欺诈投资者。投资者应当充分了解股权众筹融资活动风险,具备相应风险承受能力,进行小额投资。股权众筹融资业务由证监会负责监管。

(十)互联网基金销售。基金销售机构与其他机构通过互联网合作销售基金等理财产品的,要切实履行风险披露义务,不得通过违规承诺收益方式吸引客户;基金管理人应当采取有效措施防范资产配置中的期限错配和流动性风险;基金销售机构及其合作机构通过其他活动为投资人提供收益的,应当对收益构成、先决条件、适用情形等进行全面、真实、准确表述和列示，不得与基金产品收益混同。第三方支付机构在开展基金互联网销售支付服务过程中，应当遵守人民银行、证监会关于客户备付金及基金销售结算资金的相关监管要求。第三方支付机构的客户备付金只能用于办理客户委托的支付业务，不得用于垫付基金和其他理财产品的资金赎回。互联网基金销售业务由证监会负责监管。

（十一）互联网保险。保险公司开展互联网保险业务，应遵循安全性、保密性和稳定性原则，加强风险管理，完善内控系统，确保交易安全、信息安全和资金安全。专业互联网保险公司应当坚持服务互联网经济活动的基本定位，提供有针对性的保险服务。保险公司应建立对所属电子商务公司等非保险类子公司的管理制度，建立必要的防火墙。保险公司通过互联网销售保险产品，不得进行不实陈述、片面或夸大宣传过往业绩、违规承诺收益或者承担损失等误导性描述。互联网保险业务由保监会负责监管。

（十二）互联网信托和互联网消费金融。信托公司、消费金融公司通过互联网开展业务的，要严格遵循监管规定，加强风险管理，确保交易合法合规，并保守客户信息。信托公司通过互联网进行产品销售及开展其他信托业务的，要遵守合格投资者等监管规定，审慎甄别客户身份和评估客户风险承受能力，不能将产品销售给予风险承受能力不相匹配的客户。信托公司与消费金融公司要制定完善产品文件签署制度，保证交易过程合法合规，安全规范。互联网信托业务、互联网消费金融业务由银监会负责监管。

三、健全制度，规范互联网金融市场秩序

发展互联网金融要以市场为导向，遵循服务实体经济、服从宏观调控和维护金融稳定的总体目标，切实保障消费者合法权益，维护公平竞争的市场秩序。要细化管理制度，为互联网金融健康发展营造良好环境。

（十三）互联网行业管理。任何组织和个人开设网站从事互联网金融业务的，除应按规定履行相关金融监管程序外，还应依法向电信主管部门履行网站备案手续，否则不得开展互联网金融业务。工业和信息化部负责对互联网金融业务涉及的电信业务进行监管，国家互联网信息办公室负责对金融信息服务、互联网信息内容等业务进行监管，两部门按职责制定相关监管细则。

（十四）客户资金第三方存管制度。除另有规定外，从业机构应当选择符合条件的银行业金融机构作为资金存管机构，对客户资金进行管理和监督，实现客户资金与从业机构自身资金分账管理。客户资金存管账户应接受独立审计并向客户公开审计结果。人民银行会同金融监管部门按照职责分工实施监管，并制定相关监管细则。

（十五）信息披露、风险提示和合格投资者制度。从业机构应当对客户进行充分的信息披露，及时向投资者公布其经营活动和财务状况的相关信息，以便投资者充分了解从业机构运作状况，促使从业机构稳健经营和控制风险。从业机构应当向各参与方详细说明交易模式、参与方的权利和义务，并进行充分的风险提示。要研究建立互联网金融的合格投资者制度，提升投资者保护水平。有关部门按照职责分工负责监管。

（十六）消费者权益保护。研究制定互联网金融消费者教育规划，及时发布维权提示。加强互联网金融产品合同内容、免责条款规定等与消费者利益相关的信息披露工作，依法监督处理经营者利用合同格式条款侵害消费者合法权益的违法、违规行为。构建在线争议解决、现场接待受理、监管部门受理投诉、第三方调解以及仲裁、诉讼等多元化纠纷解决机制。细化完善互联网金融个人信息保护的原则、标准和操作流程。严禁网络销售金融产品过程中的不实宣传、强制捆绑销售。人民银行、银监会、证监会、保监会会同有关行政执法部门，根据职责分工依法开展互联网金融领域消费者和投资者权益保护工作。

（十七）网络与信息安全。从业机构应当切实提升技术安全水平，妥善保管客户资料和交易信息，不得非法买卖、泄露客户个人信息。人民银行、银监会、证监会、保监会、工业和信息化部、公安部、国家互联网信息办公室分别负责对相关从业机构的网络与信息安全保障进行监管，并制定相关监管细则和技术安全标准。

（十八）反洗钱和防范金融犯罪。从业机构应当采取有效措施识别客户身份，主动监测并报告可疑交易，妥善保存客户资料和交易记录。从业机构有义务按照有关规定，建立健全有关协助查询、冻结的规章制度，协助公安机关和司法机关依法、及时查询、冻结涉案财产，配合公安机关和司法机关做好取证和执行工作。坚决打击涉及非法集资等互联网金融犯罪，防范金融风险，维护金融秩序。金融机构在和互联网企业开展合作、代理时应根据有关法律和规定签订包括反洗钱和防范金融犯罪要求的合作、代理协议，并确保不因合作、代理关系而降低反洗钱和金融犯罪执行标准。人民银行牵头负责对从业机构履行反洗钱义务进行监管，并制定相关监管细则。打击互联网金融犯罪工作由公安部牵头负责。

（十九）加强互联网金融行业自律。充分发挥行业自律机制在规范从业机构市场行为和保护行业合法权益等方面的积极作用。人民银行会同有关部门，组建中国互联网金融协会。协会要按业务类型，制订经营管理规则和行业标准，推动机构之间的业务交流和信息共享。协会要明确自律惩戒机制，提高行业规则和标准的约束力。强化守法、诚信、自律意识，树立从业机构服务经济社会发展的正面形象，营造诚信规范发展的良好氛围。

（二十）监管协调与数据统计监测。各监管部门要相互协作、形成合力，充分发挥金融监管协调部际联席会议制度的作用。人民银行、银监会、证监会、保监会应当密切关注互联网金融业务发展及相关风险，对监管政策进行跟踪评估，适时提出调整建议，不断总结监管经验。财政部负责互联网金融从业机构财务监管政策。人民银行会同有关部门，负责建立和完善互联网金融数据统计监测体系，相关部门按照监管职责分工负责相关互联网金融数据统计和监测工作，并实现统计数据和信息共享。

第五部分 最高人民法院《关于审理民间借贷案件适用法律若干问题的规定》

（2015年6月23日最高人民法院审判委员会第1655次会议通过）法释〔2015〕18号

为正确审理民间借贷纠纷案件，根据《中华人民共和国民法通则》《中华人民共和国物权法》《中华人民共和国担保法》《中华人民共和国合同法》《中华人民共和国民事诉讼法》《中华人民共和国刑事诉讼法》等相关法律之规定，结合审判实践，制定本规定。

第一条 本规定所称的民间借贷，是指自然人、法人、其他组织之间及其相互之间进行资金融通的行为。

经金融监管部门批准设立的从事贷款业务的金融机构及其分支机构，因发放贷款等相关金融业务引发的纠纷，不适用本规定。

第二条 出借人向人民法院起诉时，应当提供借据、收据、欠条等债权凭证以及其他能够证明借贷法律关系存在的证据。

当事人持有的借据、收据、欠条等债权凭证没有载明债权人，持有债权凭证的当事人提起民间借贷诉讼的，人民法院应予受理。被告对原告的债权人资格提出有事实依据的抗辩，人民法院经审理认为原告不具有债权人资格的，裁定驳回起诉。

第三条　借贷双方就合同履行地未约定或者约定不明确，事后未达成补充协议，按照合同有关条款或者交易习惯仍不能确定的，以接受货币一方所在地为合同履行地。

第四条　保证人为借款人提供连带责任保证，出借人仅起诉借款人的，人民法院可以不追加保证人为共同被告；出借人仅起诉保证人的，人民法院可以追加借款人为共同被告。

保证人为借款人提供一般保证，出借人仅起诉保证人的，人民法院应当追加借款人为共同被告；出借人仅起诉借款人的，人民法院可以不追加保证人为共同被告。

第五条　人民法院立案后，发现民间借贷行为本身涉嫌非法集资犯罪的，应当裁定驳回起诉，并将涉嫌非法集资犯罪的线索、材料移送公安或者检察机关。

公安或者检察机关不予立案，或者立案侦查后撤销案件，或者检察机关作出不起诉决定，或者经人民法院生效判决认定不构成非法集资犯罪，当事人又以同一事实向人民法院提起诉讼的，人民法院应予受理。

第六条　人民法院立案后，发现与民间借贷纠纷案件虽有关联但不是同一事实的涉嫌非法集资等犯罪的线索、材料的，人民法院应当继续审理民间借贷纠纷案件，并将涉嫌非法集资等犯罪的线索、材料移送公安或者检察机关。

第七条　民间借贷的基本案件事实必须以刑事案件审理结果为依据，而该刑事案件尚未审结的，人民法院应当裁定中止诉讼。

第八条　借款人涉嫌犯罪或者生效判决认定其有罪，出借人起诉请求担保人承担民事责任的，人民法院应予受理。

第九条　具有下列情形之一，可以视为具备合同法第二百一十条关于自然人之间借款合同的生效要件：

（一）以现金支付的，自借款人收到借款时；

（二）以银行转账、网上电子汇款或者通过网络贷款平台等形式支付的，自资金到达借款人账户时；

（三）以票据交付的，自借款人依法取得票据权利时；

（四）出借人将特定资金账户支配权授权给借款人的，自借款人取得对该账户实际支配权时；

（五）出借人以与借款人约定的其他方式提供借款并实际履行完成时。

第十条 除自然人之间的借款合同外，当事人主张民间借贷合同自合同成立时生效的，人民法院应予支持，但当事人另有约定或者法律、行政法规另有规定的除外。

第十一条 法人之间、其他组织之间以及它们相互之间为生产、经营需要订立的民间借贷合同，除存在合同法第五十二条、本规定第十四条规定的情形外，当事人主张民间借贷合同有效的，人民法院应予支持。

第十二条 法人或者其他组织在本单位内部通过借款形式向职工筹集资金，用于本单位生产、经营，且不存在合同法第五十二条、本规定第十四条规定的情形，当事人主张民间借贷合同有效的，人民法院应予支持。

第十三条 借款人或者出借人的借贷行为涉嫌犯罪，或者已经生效的判决认定构成犯罪，当事人提起民事诉讼的，民间借贷合同并不当然无效。人民法院应当根据合同法第五十二条、本规定第十四条之规定，认定民间借贷合同的效力。

担保人以借款人或者出借人的借贷行为涉嫌犯罪或者已经生效的判决认定构成犯罪为由，主张不承担民事责任的，人民法院应当依据民间借贷合同与担保合同的效力、当事人的过错程度，依法确定担保人的民事责任。

第十四条 具有下列情形之一，人民法院应当认定民间借贷合同无效：

（一）套取金融机构信贷资金又高利转贷给借款人，且借款人事先知道或者应当知道的；

（二）以向其他企业借贷或者向本单位职工集资取得的资金又转贷给借款人牟利，且借款人事先知道或者应当知道的；

（三）出借人事先知道或者应当知道借款人借款用于违法犯罪活动仍然提供借款的；

（四）违背社会公序良俗的；

（五）其他违反法律、行政法规效力性强制性规定的。

第十五条 原告以借据、收据、欠条等债权凭证为依据提起民间借贷诉讼，被告依据基础法律关系提出抗辩或者反诉，并提供证据证明债权纠纷非民间借贷行为引起的，人民法院应当依据查明的案件事实，按照基础法律关系审理。

当事人通过调解、和解或者清算达成的债权债务协议，不适用前款规定。

第十六条　原告仅依据借据、收据、欠条等债权凭证提起民间借贷诉讼，被告抗辩已经偿还借款，被告应当对其主张提供证据证明。被告提供相应证据证明其主张后，原告仍应就借贷关系的成立承担举证证明责任。

被告抗辩借贷行为尚未实际发生并能作出合理说明，人民法院应当结合借贷金额、款项交付、当事人的经济能力、当地或者当事人之间的交易方式、交易习惯、当事人财产变动情况以及证人证言等事实和因素，综合判断查证借贷事实是否发生。

第十七条　原告仅依据金融机构的转账凭证提起民间借贷诉讼，被告抗辩转账系偿还双方之前借款或其他债务，被告应当对其主张提供证据证明。被告提供相应证据证明其主张后，原告仍应就借贷关系的成立承担举证证明责任。

第十八条　根据《关于适用〈中华人民共和国民事诉讼法〉的解释》第一百七十四条第二款之规定，负有举证证明责任的原告无正当理由拒不到庭，经审查现有证据无法确认借贷行为、借贷金额、支付方式等案件主要事实，人民法院对其主张的事实不予认定。

第十九条　人民法院审理民间借贷纠纷案件时发现有下列情形，应当严格审查借贷发生的原因、时间、地点、款项来源、交付方式、款项流向以及借贷双方的关系、经济状况等事实，综合判断是否属于虚假民事诉讼：

（一）出借人明显不具备出借能力；

（二）出借人起诉所依据的事实和理由明显不符合常理；

（三）出借人不能提交债权凭证或者提交的债权凭证存在伪造的可能；

（四）当事人双方在一定期间内多次参加民间借贷诉讼；

（五）当事人一方或者双方无正当理由拒不到庭参加诉讼，委托代理人对借贷事实陈述不清或者陈述前后矛盾；

（六）当事人双方对借贷事实的发生没有任何争议或者诉辩明显不符合常理；

（七）借款人的配偶或合伙人、案外人的其他债权人提出有事实依据的异议；

（八）当事人在其他纠纷中存在低价转让财产的情形；

(九)当事人不正当放弃权利;

(十)其他可能存在虚假民间借贷诉讼的情形。

第二十条 经查明属于虚假民间借贷诉讼,原告申请撤诉的,人民法院不予准许,并应当根据民事诉讼法第一百一十二条之规定,判决驳回其请求。

诉讼参与人或者其他人恶意制造、参与虚假诉讼,人民法院应当依照民事诉讼法第一百一十一条、第一百一十二条和第一百一十三条之规定,依法予以罚款、拘留;构成犯罪的,应当移送有管辖权的司法机关追究刑事责任。

单位恶意制造、参与虚假诉讼的,人民法院应当对该单位进行罚款,并可以对其主要负责人或者直接责任人员予以罚款、拘留;构成犯罪的,应当移送有管辖权的司法机关追究刑事责任。

第二十一条 他人在借据、收据、欠条等债权凭证或者借款合同上签字或者盖章,但未表明其保证人身份或者承担保证责任,或者通过其他事实不能推定其为保证人,出借人请求其承担保证责任的,人民法院不予支持。

第二十二条 借贷双方通过网络贷款平台形成借贷关系,网络贷款平台的提供者仅提供媒介服务,当事人请求其承担担保责任的,人民法院不予支持。

网络贷款平台的提供者通过网页、广告或者其他媒介明示或者有其他证据证明其为借贷提供担保,出借人请求网络贷款平台的提供者承担担保责任的,人民法院应予支持。

第二十三条 企业法定代表人或负责人以企业名义与出借人签订民间借贷合同,出借人、企业或者其股东能够证明所借款项用于企业法定代表人或负责人个人使用,出借人请求将企业法定代表人或负责人列为共同被告或者第三人的,人民法院应予准许。

企业法定代表人或负责人以个人名义与出借人签订民间借贷合同,所借款项用于企业生产经营,出借人请求企业与个人共同承担责任的,人民法院应予支持。

第二十四条 当事人以签订买卖合同作为民间借贷合同的担保,借款到期后借款人不能还款,出借人请求履行买卖合同的,人民法院应当按照民间借贷法律关系审理,并向当事人释明变更诉讼请求。当事人拒绝变更的,人民法院裁定驳回起诉。

按照民间借贷法律关系审理作出的判决生效后，借款人不履行生效判决确定的金钱债务，出借人可以申请拍卖买卖合同标的物，以偿还债务。就拍卖所得的价款与应偿还借款本息之间的差额，借款人或者出借人有权主张返还或补偿。

第二十五条　借贷双方没有约定利息，出借人主张支付借期内利息的，人民法院不予支持。

自然人之间借贷对利息约定不明，出借人主张支付利息的，人民法院不予支持。除自然人之间借贷的外，借贷双方对借贷利息约定不明，出借人主张利息的，人民法院应当结合民间借贷合同的内容，并根据当地或者当事人的交易方式、交易习惯、市场利率等因素确定利息。

第二十六条　借贷双方约定的利率未超过年利率24%，出借人请求借款人按照约定的利率支付利息的，人民法院应予支持。

借贷双方约定的利率超过年利率36%，超过部分的利息约定无效。借款人请求出借人返还已支付的超过年利率36%部分的利息的，人民法院应予支持。

第二十七条　借据、收据、欠条等债权凭证载明的借款金额，一般认定为本金。预先在本金中扣除利息的，人民法院应当将实际出借的金额认定为本金。

第二十八条　借贷双方对前期借款本息结算后将利息计入后期借款本金并重新出具债权凭证，如果前期利率没有超过年利率24%，重新出具的债权凭证载明的金额可认定为后期借款本金；超过部分的利息不能计入后期借款本金。约定的利率超过年利率24%，当事人主张超过部分的利息不能计入后期借款本金的，人民法院应予支持。

按前款计算，借款人在借款期间届满后应当支付的本息之和，不能超过最初借款本金与以最初借款本金为基数，以年利率24%计算的整个借款期间的利息之和。出借人请求借款人支付超过部分的，人民法院不予支持。

第二十九条　借贷双方对逾期利率有约定的，从其约定，但以不超过年利率24%为限。

未约定逾期利率或者约定不明的，人民法院可以区分不同情况处理：

（一）既未约定借期内的利率，也未约定逾期利率，出借人主张借款人自逾期还款之日起按照年利率6%支付资金占用期间利息的，人民法院应予支持；

（二）约定了借期内的利率但未约定逾期利率，出借人主张借款人自逾期还款之日起按照借期内的利率支付资金占用期间利息的，人民法院应予支持。

第三十条 出借人与借款人既约定了逾期利率，又约定了违约金或者其他费用，出借人可以选择主张逾期利息、违约金或者其他费用，也可以一并主张，但总计超过年利率24%的部分，人民法院不予支持。

第三十一条 没有约定利息但借款人自愿支付，或者超过约定的利率自愿支付利息或违约金，且没有损害国家、集体和第三人利益，借款人又以不当得利为由要求出借人返还的，人民法院不予支持，但借款人要求返还超过年利率36%部分的利息除外。

第三十二条 借款人可以提前偿还借款，但当事人另有约定的除外。

借款人提前偿还借款并主张按照实际借款期间计算利息的，人民法院应予支持。

第三十三条 本规定公布施行后，最高人民法院于1991年8月13日发布的《关于人民法院审理借贷案件的若干意见》同时废止；最高人民法院以前发布的司法解释与本规定不一致的，不再适用。

图书在版编目(CIP)数据

《网络借贷信息中介机构业务活动管理暂行办法》解读/李爱君著.—北京:法律出版社,2016.11
ISBN 978-7-5197-0199-4

Ⅰ.①网… Ⅱ.①李… Ⅲ.①互联网络—应用—借贷—法律解释—中国 Ⅳ.①D923.65

中国版本图书馆 CIP 数据核字(2016)第 261945 号

《网络借贷信息中介机构业务活动管理暂行办法》解读

李爱君 著

编辑统筹 财经出版分社
策划编辑 沈小英
责任编辑 沈小英 吴 镝
装帧设计 汪奇峰

出版 法律出版社
总发行 中国法律图书有限公司
经销 新华书店
印刷 固安华明印业有限公司
责任印制 吕亚莉

开本 720 毫米×960 毫米 1/16
印张 13.5
字数 203 千
版本 2016 年 11 月第 1 版
印次 2016 年 11 月第 1 次印刷

法律出版社/北京市丰台区莲花池西里 7 号(100073)
电子邮件/info@lawpress.com.cn
网址/www.lawpress.com.cn
销售热线/010-63939792/9779
咨询电话/010-63939796

中国法律图书有限公司/北京市丰台区莲花池西里 7 号(100073)
全国各地中法图分、子公司电话:
第一法律书店/010-63939781/9782
重庆公司/023-65382816/2908
北京分公司/010-62534456
西安分公司/029-85388843
上海公司/021-62071010/1636
深圳公司/0755-83072995

书号:ISBN 978-7-5197-0199-4
定价:58.00 元
(如有缺页或倒装,中国法律图书有限公司负责退换)